Hans-Joachim Eckstein

Du bist ein Wunsch, den Gott sich selbst erfüllt hat

SCM
Hänssler

SCM

Stiftung Christliche Medien

Der SCM-Verlag ist eine Gesellschaft der Stiftung Christliche Medien, einer gemeinnützigen Stiftung, die sich für die Förderung und Verbreitung christlicher Bücher, Zeitschriften, Filme und Musik einsetzt.

Dr. Hans-Joachim Eckstein ist Professor für Neues Testament an der Evangelisch-theologischen Fakultät der Universität Tübingen. www.ev.-theologie.uni-tuebingen.de/hjeckstein

MIX
Papier aus verantwortungsvollen Quellen
FSC® C006701
www.fsc.org

3. Auflage 2014

© der deutschen Ausgabe 2012: Hans-Joachim Eckstein
Verlagsrecht dieser Ausgabe: SCM Hänssler
im SCM-Verlag GmbH & Co. KG · 71088 Holzgerlingen
Internet: www.scm-haenssler.de
E-Mail: info@scm-haenssler.de

Umschlaggestaltung: Christiane Marwecki
Satz: typoscript GmbH, Walddorfhäslach
Druck und Bindung: CPI – Ebner & Spiegel, Ulm
Gedruckt in Deutschland
ISBN 978-3-7751-5421-5
Bestell-Nr. 395.421

Wer in
der Liebe
zuhause ist,

dem ist
die Zuversicht
das Fenster in die
Zukunft

und das
Vertrauen
die Tür zum
Leben.

WIE SCHÄTZE ICH
MEINEN WERT EIN?

Ob wir selbst uns
und unser Leben
als bedeutsam und
wertvoll empfinden,
hängt weniger von
unserem Reichtum,
gesellschaftlichen Status
oder Schätzwert ab
als von der
Wertschätzung,
die wir persönlich
durch andere erfahren.

DU BIST GEWOLLT!
VOM GLÜCK EINES WUNSCHKINDES

Wer von uns vermag
mit Sicherheit zu sagen,
dass er bei seiner Geburt
wirklich gewollt war?

Wer kann in der
festen Zuversicht leben,
dass er für seine Freunde
und Angehörigen nicht
nur nützlich und vertraut,
sondern bedeutend,
liebenswert und
unentbehrlich ist?

Haben wir jemanden,
der sich an uns freut –
einfach, weil wir da sind?
Gibt es jemanden,
der uns nie mehr
vermissen wollte?

Wie dem auch sei –
von Gott her gilt
für dein Leben
in jedem Fall die

verbindliche Zusage
und feste Gewissheit:

Du bist ein Wunsch,
den sich Gott selbst
erfüllt hat!

Du bist ein Geschenk,
das Gott sich selbst
gemacht hat!

WIE EIN FISCH IM WASSER

Wir sind als Menschen
auf Beziehung hin angelegt.
Persönliche Beziehungen
sind für uns so wesentlich
und lebensnotwendig wie
für einen Fisch das Wasser.

> Aber ich kenne Menschen,
> die scheinbar gar keine
> Beziehungen brauchen
> und dabei äußerst
> lebendig und aktiv wirken!

Hast du noch nie einen Fisch
gesehen, der aus Versehen
an Land gesprungen ist
und nun verzweifelt versucht,
wieder ins Wasser zu kommen?

Der zappelt so kräftig und lebhaft,
dass man denken könnte,
er käme im Unterschied zu allen
ruhig daherschwimmenden Fischen
vorzüglich auch ohne Wasser aus.
Aber wie lange? Und zu welchem Preis?

DOPPELT MOTIVIERT

Als Töchter und
Söhne Gottes
haben wir gleich
eine zweifache
Perspektive.

Wir sind *gewollt*,
wo wir herkommen;
und wo wir hingehen,
werden wir *erwartet*.

Etwas Schöneres als
diese Wertschätzung
durch die Liebe Gottes
werden wir nicht einmal
im Himmel erfahren.

Und wenn wir von
dieser Zuversicht
schon hier und jetzt
erfüllt sind,
verändert das alles
an unserem Leben
auf der Erde.

1. Joh 3,1f.

VOM LEBEN ÜBERRASCHT

Mancher ist schon
zu Gott gekommen,
um sich selbst
endlich loszuwerden,
und stellte dann
erstaunt fest,
dass er sich bei Gott
überhaupt erst richtig
gefunden hat.

Manche wenden sich
erst dann an Gott,
wenn sie am liebsten
sterben würden,
und entdecken zu ihrer
eigenen Verwunderung,
dass ihr Leben jetzt
erst richtig anfängt.

WUNSCH-ERFÜLLUNG

Du bist ein Wunsch,
den Gott sich selbst
erfüllt hat!

Und Gott will dir
zu einer solchen
Erfüllung werden,
wie du sie dir selbst
nicht einmal zu
wünschen gewagt hast.

ZEIT UND EWIGKEIT
ÜBER DIE DAUER DES GLÜCKS

Ein wundervoller Augenblick –
nur einen Augenblick

Ein überwältigendes Konzert –
eineinhalb bis zwei Stunden

Ein großartiges Fest –
bis zu einer ganzen Nacht

Das Glück einer Wunscherfüllung –
je nach Größe – sieben Minuten,
Stunden oder Tage

Ein begeisternder Urlaub –
ein bis drei Wochen

Eine erfüllende Liebesbeziehung –
ein ganzes Leben lang

Die Freude an Gott und seiner Liebe –
eine ganze Ewigkeit

VERTRAUENSVERHÄLTNIS

»Was hältst du davon,
wenn ich mich bei dir
fallen lasse?« –

»Dazu fällt mir ein,
dass ich dich
halten werde.«

VERTRAUENERWECKEND

Dir glaube ich,
mein Gott,
aufs Wort.
Was du mir
zusagst,
will ich fassen.
Bei dir kann
ich mich
fallen lassen,
zu jeder Zeit,
an jedem Ort.

Dir möchte ich
mich anvertrauen,
auf dich kann ich
mich ganz verlassen.
So will ich mich
mit dir befassen,
um dich in deinem
Wort zu schauen.

Röm 10,17; Gal 3,2.5

DU BIST MEIN LEBEN

Wer sich an
Christus verliert,
findet sich selbst;
und wer in ihm
sein Leben sucht,
hat es bereits
gewonnen.

Das könnte man von
keiner anderen Person
so entschieden sagen.
Aber Jesus Christus
gilt für den Glauben
als das Leben und
die Liebe selbst –
und dann kann
man es wahrhaftig
und logisch gar nicht
anders sagen.

»Dieser ist
der wahre Gott
und das ewige Leben.«

Phil 1,21; 1. Joh 5,20; Joh 11,25 f.

SPRACHGELEHRT – HÖRBEREIT?

Was nützt es dem Menschen,
wenn er gleich mehrere
Fremdsprachen lernt,
aber die Sprache
seines eigenen Körpers
nicht wahrnimmt?

Was bringt es mir,
wenn ich fremde Texte
aus fernen Welten
zu übersetzen vermag,
aber ich höre nicht
auf die Stimme meines
eigenen Herzens?

Es ist gewiss gut, sich mit
möglichst vielen Menschen
aus vielfältigen Kulturen
verständigen zu können;
noch wichtiger aber ist es,
zu verstehen, was uns Gott
durch seinen Geist –
in welcher Muttersprache
auch immer – zu sagen hat!

Apg 2,6-11

SELBSTENTFALTUNG
JE LÖWENZAHN, DESTO PUSTEBLUME

Was ist das Geheimnis
des Löwenzahns?
Wieso ist er so
durchsetzungsfähig
und fruchtbar?

Sein Geheimnis ist:
Er kann loslassen!

Er gewinnt sich,
indem er sich seiner
Bestimmung gemäß
aussenden lässt und seine
eigene, bisherige Gestalt
nicht zwanghaft festhält.

Es fiele uns wohl leichter,
uns so frei zu entfalten
wie eine Pusteblume,
wenn wir auch so farbenfroh,
strahlend und selbstbewusst
aufblühen würden
wie ein Löwenzahn.

Joh 12,24; 1. Kor 15,35ff.

DER HERR IST MEIN GUT UND MEIN TEIL

Gott sagt zu dir
nicht: »Lass los!«,
sondern: »Gib es mir!«

Nicht: »Du darfst dich nicht an
vergängliches Gut klammern!«,
sondern: »Begreife, dass
ich dein ewiger Schatz bin!«

Er fordert nicht:
»Du musst hinnehmen,
dass du vergänglich bist!«,
sondern:
»Du darfst annehmen,
dass ich niemals von
deiner Seite weiche!«

Nicht: »Gib zu,
dass du stürzt!«,
sondern:
»Lass dich bei mir und
in meine Arme fallen!«

Er spricht nicht:
»Du darfst nicht verkrampft

an den Dingen festhalten!«,
sondern:
»Komm, lass mich
deine Hand ergreifen!«

Er erhebt nicht den Anspruch:
»Du musst mir blind vertrauen!«,
sondern er schenkt mir seinen
vertrauenswürdigen Zuspruch:
»Ich habe dich schon immer
in Liebe angesehen!«

Gott nimmt mir nicht weg,
woran ich hänge, sondern
er erweist sich mir selbst als das,
was ich so sehr vermisst habe.

»Doch ich bleibe stets bei dir; denn du hältst
mich bei meiner rechten Hand. Du leitest
mich nach deinem Rat und nimmst mich am
Ende in deine Herrlichkeit auf. Wen habe ich
im Himmel außer dir? Und neben dir erfreut
mich nichts auf der Erde.
Wenn mir auch mein Leib und mein Herz
vergehen, so bist du doch, Gott, meines Herzens Fels und mein Teil für immer.«

Ps 16,5; 73,23-26

GANZ GEWISS

Wir kommen nicht
in den Himmel,
weil wir selbst
vollkommen sind,
sondern weil Gott
uns vollkommen liebt.

Wir erhalten das
ewige Leben nicht,
weil wir so sind,
wie wir sind,
sondern *obwohl* wir
immer noch nicht so sind,
wie wir es durch Christus
sein könnten und sollten.

Von uns aus gilt noch
immer das »Obwohl«;
von ihm aus gesehen
gilt stets das »Weil« –
das *Weil* der Treue und
der Gnade Jesu Christi.

AUS DEM MUNDE DER UNMÜNDIGEN

Gott kann auch durch
Analphabeten
Geschichte schreiben;
und wenn er die Klugen und
Weisen gebrauchen will,
dann lässt er sie die
Torheit des Kreuzes
verstehen.

Denn für Gottes Wirken
sind unsere Grenzen
kein Hindernis; und
unser Unvermögen bedeutet
für ihn keine Einschränkung.

Er kann seine Größe
auch durch die Kleinsten
offenbaren und
das vollmundigste Lob
lässt er aus dem Munde
der Unmündigen erklingen.

Ps 8,3; Mt 21,15 f.; 1. Kor 1,18 ff.

UNBEGREIFLICH SCHÖN

Wer zu Christus kommt,
wird begreifen,
dass er von Christus
bereits ergriffen ist.

Denn diejenigen,
die er ergriffen hat,
die wollen ihn nun
ihrerseits ergreifen;
und bei denen er
an seinem Ziel
angekommen ist,
die können nicht anders,
als ihm nachzujagen.

Unbegreiflich schön
an diesem Lauf ist,
dass er mit dem
Sieg Christi beginnt
und dass wir deshalb
am *Ziel* starten können,
damit wir es auch
ganz gewiss erreichen.

Phil 3,12-14; 2. Kor 2,14

›HIDDEN AGENDA‹ ODER OFFENBARE ABSICHT?

Ob wir es fühlen oder nicht,
ob wir es erfahren und sehen
oder im Augenblick nur
glauben und hoffen können,

über allem, was
Gott mit uns vorhat,
steht die klare Absicht
all seines Handelns
in Christus an uns:
»damit sie Leben haben
und es im Überfluss haben«.

Joh 10,10

DU LIEBST MICH – ALSO BIN ICH!
CHRISTUS-GOTTES-SELBST-BEWUSST

In der Christuserkenntnis
kommen Gotteserkenntnis
und Selbsterkenntnis
versöhnend zusammen.

In unserem Christusbewusstsein
gründet nämlich nicht nur ein
neues Gottesbewusstsein,
sondern zugleich auch ein
erneuertes Selbstbewusstsein.

Wir dürfen uns unserer
Sache gewiss sein,
weil wir uns seiner
Liebe und Treue
sicher sein können.

Was uns von unserer
falschen Ichbezogenheit
heilen und erlösen kann,
ist nun freilich nicht die
Erschütterung unseres
*Selbst*bewusstseins,
sondern das uns in der
Zuwendung Christi

geschenkte
unerschütterliche
*Gottes*bewusstsein.

Somit ist unser neues
Selbstbewusstsein also
eine Folge unseres
neu gewonnenen
*Christus*bewusstseins.

Röm 8,28-39; 1. Kor 15,10

DER HERR, DEIN GOTT
VOM GEHEIMNIS DES NAHELIEGENDEN

Frage:
Kann man
Gott *lieben*? –

Gegenfrage:
Wie sollten wir
ihn nicht lieben?

5. Mose 6,4f.

DIE KOSTBARE PERLE

Wer das Geheimnis
echter Liebe und
erfüllender Beziehung
erkannt hat und
persönlich erfährt,
der versteht jenen
Händler im Gleichnis,
der um der einen
kostbaren Perle willen,
die er gefunden hat,
alles verkauft,
um das für ihn
Wertvollste
zu gewinnen.

Mt 13,45f.

LIEBEN UND ERKENNEN

Lieben heißt erkannt sein!

In Liebe erkennen heißt anerkennen!

Lieben heißt –
                 kennen,
                 erkennen,
                 anerkennen!

»Wir haben erkannt und geglaubt
die Liebe, die Gott zu uns hat.
Gott ist die Liebe;
und wer in der Liebe bleibt,
bleibt in Gott und Gott in ihm.«

»Wenn jemand Gott liebt,
der ist von ihm erkannt.«

»Das ist das ewige Leben,
dass sie dich, der du
allein wahrer Gott bist,
und den du gesandt hast,
Jesus Christus, erkennen.«

1. Joh 4,16; 1. Kor 8,3; Joh 17,3

WACHSEN IN DER LIEBE

Mehr lieben kann uns
Gott gar nicht,
als er es schon immer
getan hat und uns
in Christus zeigt –
aber wir können
immer mehr erkennen,
wie sehr er uns liebt.

So brauchen wir nicht
erst Gott zu lieben,
damit er uns lieben kann,
sondern wir wachsen
in unserer Liebe,
wenn wir erkennen,
dass er uns schon immer
vollkommen geliebt hat.

1. Thess 3,12; 1. Joh 4,9-16

ABBA, LIEBER VATER!
ODER: KINDLICHES VERTRAUEN

Unsere neue Beziehung zu Gott beruht ganz auf seiner liebevollen und vorbehaltlosen Zuwendung zu uns, was sich besonders eindrücklich in unserer persönlichen Anrede Gottes mit »Vater« widerspiegelt. Dabei ist das aramäische Wort »abbạ« eindeutiger als unsere Anrede »Vater« Ausdruck des tiefen Vertrauens und der innigen Verbundenheit, weil es von seinem Ursprung her – wie bei uns »Papa« – als die erste, lallende Anrede des Kleinkindes zu verstehen ist.

Indem wir Gott so ansprechen, wie es nur Jesus Christus in seiner einmaligen Beziehung zum Vater von sich aus tun konnte (Mk 14,36), handeln wir ganz *in seinem Sinne*; denn er hat seine Jünger gelehrt, Gott mit »Unser Vater« anzurufen (Lk 11,1 ff.; Mt 6,9 ff.). Zugleich handeln wir damit auch »in seinem *Geist*« (Röm 8,15; Gal 4,6). Unsere Kindschaft ist nämlich darin begründet, dass er selbst als der Sohn Gottes durch seinen Geist in uns wohnt und uns gerade dadurch ebenfalls zu Töchtern und Söhnen Gottes macht. So wird die persönliche Anrede Gottes mit »Abba« für uns zum Zeichen dieser Gegenwart des Geistes seines Sohnes – und dessen Gegenwart in uns zur Bestätigung und Garantie dafür, dass wir bleibend Gottes Kinder sind (vgl. Röm 8,1-39; 2. Kor 1,22; 5,5).

Da uns diese Zugehörigkeit zu Gott als neue Existenz völlig vorbehaltlos geschenkt wird, brauchen wir in Gott nicht einen distanzierten und autoritären oder gar an uns uninteressierten Vater zu sehen. Er begegnet uns vielmehr als ein unbedingt liebender, fürsorglicher und vertrauenswürdiger Vater, auf den wir uns nun unsererseits unbedingt verlassen können. Aber trifft das auf unsere Lebenshaltung und unser konkretes Verhalten wirklich zu? Glauben und vertrauen wir wie ein geliebtes und bei seinen Eltern im Zutrauen aufgehobenes Kind?

Ich werde nie vergessen, wie mir ein Dreijähriger einmal die tiefe Wahrheit des Wortes Jesu: »Wenn ihr nicht werdet wie die Kinder ...« (Mt 18,3), vor Augen führte. Wir waren bei einer jungen Familie zum Abendessen eingeladen und wurden zunächst nach der Begrüßung durch die Wohnung geführt. Wie es sich gehörte, gingen wir zunächst ins Kinderzimmer und ließen uns von den beiden Kindern zeigen, was sie uns stolz vorstellten. Während wir uns eine Weile den von der etwas älteren Tochter gemalten Bildern anerkennend zugewandt hatten, hörte ich plötzlich – und zu meiner Überraschung von rechts oben – die Stimme ihres kleinen Bruders, den wir vorübergehend aus dem Blick verloren hatten.

Er war offensichtlich auf das obere Stockbett geklettert, stellte sich auf die Bettkante, breitete seine Arme aus und ließ sich – laut »Papi« rufend – einfach nach vorne fallen. Ich hatte mich noch gewundert, warum mein Freund auf den Ruf hin so rasch reagierte und sich blitzschnell umdrehte. Er wusste um das Vertrauen seines Sohnes und dieser um die Zuverlässigkeit seines Vaters. Und bis wir alle richtig mitbekommen hatten, was geschah, lag der Junge gelassen in den Armen seines Vaters, den er lachend umarmte.

Wie anders sieht es in unserem Leben als Erwachsene aus, wenn wir dieses kindliche Vertrauen zu Gott als unserem liebenden Vater in einer neuen Ursprünglichkeit wiedergewinnen! Und dies gilt umso mehr, wenn wir schon oft in unserer Vergangenheit von Menschen enttäuscht und fallen gelassen wurden. Denn Glauben bedeutet, verlassen, um zu finden, ablassen, um zu beginnen, loslassen, um Neues zu ergreifen, sich fallen lassen, um gehalten zu werden. Glauben bedeutet, sich auf Gott zu verlassen, um in ihm gelassen zu sein.

EUER VATER IM HIMMEL

Entscheidet unser Vaterbild
notwendig über unser Gottesbild?

Gott ist nicht nur so, wie wir unsere
irdischen Väter erlebt haben mögen;
sondern wir können vielmehr
als menschliche Väter von Gott
lernen, was es wirklich heißt,
ein liebevoller, verständnisvoller,
zugewandter und fürsorglicher
Vater zu sein.

»Seid barmherzig, wie auch
euer Vater barmherzig ist.«

»Ich beuge meine Knie vor dem Vater,
der der rechte Vater ist über alles,
was da Kinder heißt im Himmel
und auf Erden,
d. h. von dem her alle Vaterschaft im
Himmel und auf Erden benannt wird.«

Röm 8,15; Lk 6,36; Eph 3,14 f.

DIE LIEBE ERKENNEN, DIE ALLE ERKENNTNIS ÜBERTRIFFT

Nur wenn wir uns
über alle Erkenntnis
und Vernunft
geliebt und gehalten
wissen,
haben wir die Kraft,
auch Unerklärliches
und Widersinniges
in unserem Leben
auszuhalten.

Eph 3,19

OB ICH DAS KANN?

Seine Gewissheit
und Zuversicht
gewinnt der Glaube
nicht aus seinem eigenen
Können oder Anspruch,
sondern aus Gottes
Vermögen und Zuspruch.

GRENZENLOS BELASTBAR?

Nach außen hin
gibst du gerne vor,
keine eigenen
Grenzen
zu spüren.

Du musst nur
in dich gehen –
dann wirst du
schon nach
wenigen Schritten
erkennen,
wie schnell du
an deine
Grenzen kommst.

EINE FRAGE DER BESTIMMUNG

Fliegen will ein
Vogel lernen,
Schwimmen ist
des Fisches Glück.

Weißt du, Mensch,
wozu *du* da bist?

Flieg nicht hin,
komm nicht
ins Schwimmen,
finde zu dir selbst
zurück!

ICH KANN ALLES …!?

»Denn ich habe gelernt,
in jeder Situation
zufrieden zu sein –
d. h. auszukommen,
genügsam zu sein und
mich zurechtzufinden.

Ich kann mich einschränken
und kann Überfluss haben;
in alles und jedes
bin ich eingeweiht:
satt sein und hungern,
reich sein und entbehren;
ich vermag alles –
durch *den*, der mich
mächtig macht.«

Phil 4,11-13

Reich ist nicht der,
der immer mehr hat,
sondern der, der
das immer mehr
genießen kann,
was er hat.

Stark ist nicht der, der
keine Schwachheit kennt,
sondern derjenige,
der es lernt, mit seinen
Stärken und Schwächen
versöhnt zu leben.

Das grenzenlose Glück
liegt nicht in den
grenzenlosen eigenen
Möglichkeiten,
sondern in der Möglichkeit,
sich selbst zu begrenzen.

Zufrieden werden wir nicht,
wenn wir alles und jedes
erfolgreich bekämpft haben,
sondern indem wir
unseren Frieden finden
mitten im Konflikt,
unseren Überfluss erkennen
mitten in unserer Bedürftigkeit
und unsere Vollmacht ausleben
inmitten unserer Ohnmacht.

Ist das das Geheimnis
der *Selbstgenügsamkeit*?

Nein, ganz im Gegenteil!
Wir sprechen davon,
wie reich und beschenkt
wir sein können, wenn
wir uns mit nicht weniger
als *Gott selbst* begnügen!

»Gott aber kann machen,
dass alle Gnade unter euch
im Überfluss vorhanden ist,
damit ihr in allem allezeit
volle Genüge habt und
noch reich seid zu
jedem guten Werk.«

2. Kor 9,8

DER KLEINE UNTERSCHIED

Es ist seltsam,
dass ich mein
alltägliches Leben
so verschieden erlebe,
auch wenn sich die
äußeren Umstände
gar nicht entscheidend
verändert haben. –

Mit dem Alltag ist es wie
mit einer großen Welle:
Du solltest auf ihr surfen
und nicht unter sie geraten.

Bist du obenauf,
wirst du von ihr getragen,
überrollt sie dich,
dann hast du kaum
noch Luft zum Atmen.

Der Unterschied liegt aber
jeweils bei dir selbst –
nicht bei der Welle.

SEI STARK!

Selbst in der Liebe
können wir nicht
immer stark sein;
aber wir können
stets wahrhaftig sein.

Das ist in Wahrheit
die Stärke der Liebe.

ZITAT DES TAGES

»Ich kann wachten!«

(Antwort eines *Wächters*
auf die Nachricht,
dass er auf die
Ankunft seines Herrn
noch etwas *warten*
und somit weiter
wachen muss.)

Mt 24,42; Lk 12,37; 1. Kor 16,13

LEBEN IM ÜBERFLUSS

Wenn es stimmt,
dass Christus *selbst*
das Leben in Person ist,
und wenn ich wirklich
in *meinem* Leben
nichts Wesentliches
versäumen will,
dann sollte ich
alles und jedes
mit ihm und in
völliger Offenheit
ihm gegenüber
erleben wollen.

Denn nur wer das
Leben selbst genießt,
der *genießt* sein Leben.

Joh 10,10b; 11,25f.; 14,6; 1. Joh 5,20

EIN UND DASSELBE?
LEHRGESPRÄCH ÜBER DEN MONOTHEISMUS

Ist es richtig, dass alle Menschen,
die an *einen* Gott glauben,
damit an *denselben* Gott glauben? –

> Gegenfrage: Teilst du mit mir
> die Überzeugung, dass die
> Monogamie die beste Form
> des Zusammenlebens
> von Mann und Frau ist? –

Aber gewiss! –

> Das heißt dann aber doch nicht,
> dass wir deshalb mit derselben
> Frau verheiratet sind, oder? –

Nein, ganz im Gegenteil! –

> Eben!

NACHFOLGE KOMMT
VON *NACH*-FOLGEN

In der Nachfolge Jesu besteht
ein absolutes Überholverbot!

Wir werden manchmal
nicht Schritt halten und
vom Weg abkommen,
so dass er uns wieder
abholen muss.

Wir mögen auch
stolpern und fallen,
woraufhin er uns
in seiner Geduld
wieder aufrichtet.

Führt uns sein Weg
über das Wasser,
dann werden wir in
unserem Kleinglauben
bestimmt auch noch
häufig einsinken –
bis er uns wieder ergreift
und uns auf die Wellen stellt.

Nur *überholen* brauchen wir
unseren Herrn nun wirklich nicht!

Lädt er uns zur Ruhe ein,
wäre es töricht,
allein schon einmal
vorzulaufen und noch
mehr arbeiten zu wollen,
als er uns in seiner Liebe
aufträgt und zumutet.

Wenn Christus sich scheinbar
in unserem Leben Zeit lässt
und wir sein Zögern nicht begreifen,
dann ist uns mit unserer Ungeduld
gewiss am wenigsten geholfen.

Und meinen wir vor lauter Begeisterung,
unseren Glauben nach so viel Lernen
nun schon unabhängig leben zu können,
dann sollten wir uns daran erinnern,
dass er uns in seine Nachfolge
gerufen hat und nicht wir ihn![1]

AUF DEM WASSER GEHEN

Ein »Seewandel« auf
eigene Initiative und
aus eigener Kraft
geht ganz schön
in die Beine.

Denn ob wir das uns
an sich Unmögliche
durchstehen oder nicht,
hängt weder von der
Größe unserer Füße ab
noch von der Intensität
unserer Bewegungen,
sondern allein von der
Vollmacht dessen,
auf den wir beim Gehen
vertrauensvoll schauen.

Wer dabei nach unten,
zur Seite oder auf
sich selbst schaut,
verliert seinen
tragenden Bezugs-
und Standpunkt –
und kommt unweigerlich
ins Schwimmen.

Was gegen solche
Einbrüche hilft,
ist nicht etwa ein
Schwimmkurs
für Kleingläubige,
sondern allein die
vertrauensvolle Einsicht
in die Standfestigkeit Jesu
und das Aufblicken zu ihm.

»Er aber sprach: Komm!
Und Petrus stieg aus dem Schiff
und ging auf dem Wasser
und kam auf Jesus zu.
Als er aber den starken Wind sah,
fürchtete er sich;
und als er zu sinken begann,
schrie er: Herr, rette mich!
Jesus aber streckte sogleich
die Hand aus und ergriff ihn
und sprach zu ihm:
Du Kleingläubiger,
warum hast du gezweifelt?«

Mt 14,29-31

WIE DIE KINDER

Als die ehrgeizigen Jünger sich erdreisten, Jesus zu fragen, wer der Größte im Himmelreich sei, stellt Jesus *ein Kind* in ihre Mitte und warnt sie nachdrücklich: »Wenn ihr nicht umkehrt und *werdet wie die Kinder*, so werdet ihr keinesfalls ins Himmelreich kommen. Wer nun sich selbst erniedrigt wie dies Kind, der ist der Größte im Himmelreich« (Mt 18,3 f.).

Als dieselben Jünger kurz darauf Kinder nicht zu Jesus vorlassen wollen, wird dieser unwillig und ermahnt sie: »Lasst die Kinder zu mir kommen! Wehrt ihnen nicht! Denn *solchen* gehört das Reich Gottes.« Und während Jesus die Kinder in seine Arme nimmt, die Hände auf sie legt und sie segnet, überrascht er die – von sich selbst und ihren Fähigkeiten überzeugten – umstehenden Erwachsenen mit der herausfordernden Aussage: »Wer das Reich Gottes nicht *empfängt wie ein Kind*, wird nicht hineinkommen« (Mk 10,13-15).

Wie wird man »wie die Kinder« und wie kann man »wie ein Kind« empfangen? Wir mögen heute – in romantischer Verklärung – beim »Kindsein« etwa an Tugenden wie Demut oder Unschuld denken. Vielleicht überlegen wir auch, wie wir eine solche

»demütige« und »bescheidene« Haltung möglichst
glaubwürdig und überzeugend einüben können,
um dafür dann – in aller »Unschuld« – erhöht und
entlohnt zu werden. Zur Zeit Jesu aber stand das
»Kindsein« einfach nur für Angewiesensein und
Schwachheit, für das Wissen um Niedrigkeit und
eigene Abhängigkeit von der Zuwendung anderer.
Wer die Teilhabe an Gottes Reich also empfangen
soll »wie ein Kind«, der empfängt sie völlig voraus-
setzungslos und bedingungslos, der erhält sie als
ein freies Geschenk – oder gar nicht. Von sich aus
ergreifen oder verdienen können auch Erwachsene
das ewige Leben nicht. Sie freuen sich an der gnädigen Zuwendung und dem Segensgeschenk wie die
von Jesus herzlich empfangenen Kinder, oder sie
schließen sich in ihrem Stolz und ihrer Anmaßung
selbst von der himmlischen Gemeinschaft mit Gott
und seinen Menschen aus.

Eine letzte Steigerung erfährt die Darstellung des
Geschenkcharakters und der Voraussetzungslosig-
keit der Gottesgemeinschaft in dem Gespräch Jesu
mit Nikodemus, der als in der Schrift gelehrter Pha-
risäer und als angesehenes Mitglied des Hohen Rates
aus jüdischer Sicht eigentlich die höchsten menschlichen Voraussetzungen erfüllt (Joh 3,1 ff.). Während
Nikodemus noch nach Worten der Anerkennung
seines Gesprächspartners Jesus sucht, kommt dieser
in nicht zu überbietender Direktheit auf das Thema,

das jüdische Gelehrte gemeinsam beschäftigt: das Geheimnis der Königsherrschaft Gottes. »Wahrlich, wahrlich, ich sage dir: Wenn jemand nicht *von neuem geboren* wird – d.h. *von oben gezeugt* wird –, so kann er das Reich Gottes nicht sehen« (Joh 3,3).

Was kann jemand zu seiner eigenen *Geburt,* ja – wie es wörtlich noch korrekter heißt – zu seiner eigenen *Zeugung* aus Gott beitragen? Was haben wir zu unserer *eigenen* Zeugung beigetragen? Dabei gab es keine Phase unseres Lebens, in der wir vitaler gewesen wären und uns schneller entwickelt hätten, als in den Tagen, Wochen und Monaten *nach unserer Zeugung.* Aber diese machtvolle Entfaltung war unbestreitbar die *Folge* unserer Zeugung und nicht deren *Voraussetzung.* Die dynamische Entwicklung war die *Konsequenz* unserer Zeugung zum Leben und nicht die von uns zu leistende *Vorbedingung.* Wir haben aufgenommen und ergriffen, weil wir zu etwas geworden sind, was wir weder vorher noch von uns aus waren. Wir konnten wachsen und erstarken, weil wir bedingungslos entstanden waren.

Hier bleibt nun auch kein letzter möglicher Gedanke an den unabhängigen Anteil dessen, der die lebendige Gottesgemeinschaft empfangen soll. Wer beim »Kindwerden« oder dem »Empfangen wie die Kinder« noch irreführende Gedanken an selbständige Mitwirkungs- und Entwicklungsmöglichkeiten gehabt haben mag, der steht nun vor dem Wunder der Entstehung unseres Lebens. Das Wichtigste in unserem Leben wird uns geschenkt! Die Entfaltungsmöglichkeiten von »Fleisch und Blut« mögen groß sein, und beeindruckend sind die Leistungen, die durch den »Willen des Menschen« entstehen; aber das Geheimnis des erfüllenden und wahren Lebens wird uns »wie Kindern«, ja wie unsere »Zeugung« und »Geburt« von Gott neu geschenkt. Denn zum Glauben an ihn und zur Gotteskindschaft kommt es dadurch, dass er uns in Christus, seinem einzigartigen Sohn, sein Leben schenkt: »Wie viele ihn aber aufnahmen, denen gab er Macht, Gottes Kinder zu werden, denen, die an seinen Namen glauben, die nicht aus dem Blut noch aus dem Willen des Fleisches noch aus dem Willen eines Mannes, sondern von Gott gezeugt sind« (Joh 1,12 f.).

ICH BIN MIR GEWISS …

Die Gewissheit des Heils ist
keine Frage der *Selbst*einschätzung,
sondern der *Christus*wertschätzung.

Denn die Liebe, von der uns
niemand trennen kann,
ist nicht unsere Liebe zu Gott,
sondern seine Liebe zu uns,
die er in Christus erwiesen
und uns zugesprochen hat.

Wir wissen nicht, ob wir nicht einmal
seine Hand loslassen werden,
aber wir können uns ganz sicher sein,
dass Christus uns niemals loslassen,
sondern immer festhalten wird –
im Leben wie im Sterben,
in der Zukunft wie in der Gegenwart,
in Höhen wie in Tiefen.

Die Treue, der wir trauen, und die Liebe,
die uns über die Maßen überwinden lässt,
haben wir allein, aber gewiss – in Christus.

Joh 10,27 ff.; Röm 8,38 f.

BESTIMMENDER EINFLUSS

Angenommen, Christus
wäre gestern persönlich
bei uns gewesen –
hätten wir uns wohl
anders verhalten?

Wenn ja, warum leben wir
dann nicht ab heute und
jetzt ganz anders?

Wir bekennen doch,
dass Christus wirklich
in uns wohnt und
mitten unter uns ist,
wenn wir zusammen sind.

»Prüft euch selbst,
ob ihr im Glauben seid,
untersucht euch selbst!
Oder erkennt ihr euch selbst nicht,
dass Jesus Christus in euch ist?«

2. Kor 13,5; Mt 18,19 f.; 28,20b

DAS MUSS ICH MIR MAL ABGEWÖHNEN!

Warum fällt es uns so schwer,
den Gewohnheiten abzusagen,
die wir selbst als unbefriedigend,
enttäuschend und schädlich
erfahren?

Von dem, was unser Leben
und unsere Liebe einschränkt,
können wir nur dann lassen,
wenn wir unser wahres Leben
und die uns tragende Beziehung
erkannt und gefunden haben.

Die Anziehungskraft
eines Ersatzes verblasst,
wenn wir die Faszination
des eigentlich Gewünschten
und den hellen Schein des
wirklich Ersehnten erleben.

Gott segnet uns nicht erst,
wenn wir uns selbständig
von der Sünde
getrennt haben,
sondern er macht uns von

dem Zwang der Sünde frei,
indem er uns beschenkt.

Wir werden von dem
Fluch der Sünde *ent*wöhnt,
indem wir durch Gottes Segen
*ver*wöhnt werden.

An diese befreiende Logik
der Liebe und des Lebens
kann man sich direkt
gewöhnen.

WOHER BEGREIFE ICH MICH?

Wenn wir unser eigenes Leben
nicht richtig im Griff haben,
greifen wir gerne nach den Sternen.

Wir fliehen aus Enttäuschung
über unsere greifbare Wirklichkeit
in die Täuschung des Fernen
und für uns Unerreichbaren.

Dabei könnten die Sterne uns
wie einst Abraham
doch daran erinnern,
dass wir uns ganz
von Gottes Zusage des
nur ihm Möglichen her
begreifen sollen
und seine unermessliche
Segensverheißung für uns
mutig ergreifen dürfen:

»Siehe zum Himmel hinauf und
zähle die Sterne; kannst du sie zählen?
Und er sprach zu ihm: So zahlreich
sollen deine Nachkommen sein!«

1. Mose 15,5; Röm 4,18-25

UNERSETZLICH

Es gibt in unserem Leben
keinen Ersatz für die Liebe.
Aber die Liebe ihrerseits
kann uns vieles im Leben
ersetzen.

NOCH NICHT ODER NICHT MEHR?

Wenn wir etwas
Erstrebenswertes
entbehren müssen,
ist es besser, es
noch nicht zu haben,
als es *nicht mehr*
zu haben.

Denn die Hoffnung
gewinnt von Tag zu Tag
an Farbe und Kontur,
während die Erinnerung
zu verblassen droht.

Die begründete Erwartung
lebt unter dem Eindruck
einer *an*laufenden Geschichte,
während die Verlusterfahrung
denselben Mangel als Zeichen
ihrer *ab*laufenden Geschichte
wahrnimmt und erleidet.

Die freudige Erwartung
erleichtert den Schmerz,
während die wehmütige
Erinnerung ihn verstärkt.

Zu welch großen Opfern
ist derjenige freiwillig bereit,
der hoffnungsvoll ein
gewisses Ziel verfolgt.

So bemisst sich also
der Kummer des Verzichts
weniger am Ausmaß des Mangels
als vielmehr an der eigenen
grundsätzlichen Perspektive:
Steht er für den Lebens*gewinn*
oder für Lebens*minderung*?

»Nicht, dass ich es schon ergriffen hätte
oder schon vollkommen wäre;
ich jage ihm aber nach,
ob ich es wohl ergreifen möchte,
weil ich von Christus Jesus ergriffen bin …
Ich vergesse, was dahinten ist,
und strecke mich aus nach dem,
was vorne ist, und jage nach dem Ziel,
dem Siegespreis der himmlischen
Berufung Gottes in Christus Jesus.«

Phil 3,12-14

NUN ABER BLEIBEN GLAUBE, HOFFNUNG, LIEBE, DIESE DREI

Glaube
kennt keine
Beschränkung.

Hoffnung
kennt keine
Zeit.

Liebe
kennt keine
Grenzen.

1. Kor 13,13

HOFFST DU NOCH ODER SCHON?

Der Volksmund sagt:
»Die Hoffnung
stirbt zuletzt«,
und will damit
andeuten, dass
wir Menschen auch
dann noch an einer
Wunschvorstellung
festhalten wollen,
wenn eigentlich schon
alles verloren ist.

Der Glaube spricht:
»Die Hoffnung
lebt als Erstes!«,
und begreift damit,
dass in der auf Christus
gegründeten Hoffnung
schon alles gerettet ist,
lange bevor wir selbst
es uns vorstellen
oder auch nur
wünschen können.

HIMMEL UND ERDE

Das wenige,
das wir
vom Himmel
schon
auf Erden
erkennen,
bringt uns
schon sehr
viel Himmel
auf Erden.

WENN ICH DAS GEWUSST HÄTTE

Hoffende wissen es
schon vorher besser.

Im Nachhinein wollen es
schon immer alle geahnt,
gewusst und gesagt haben.

Und stellt sich etwas
im Rückblick anders dar,
als wir es offenkundig
bei unserem Planen, Reden
und Handeln voraussetzten,
dann wenden wir gerne ein:
Ja, wenn ich *das* gewusst hätte!

Der Vorteil einer begründeten und
bewusst gelebten Hoffnung ist,
dass sie die zukünftige Perspektive
schon in der Gegenwart einnimmt.
So muss sie ihre Vergangenheit
nicht nachträglich umdeuten.

Hoffende wissen es
schon vorher besser.

WARUM SICH ENGEL NIE VERSPÄTEN

Engel brauchen
keine Uhren!

Wenn Gott sie zu uns
auf die Erde sendet,
dann kommen sie
immer zur rechten Zeit.

Denn die Ewigkeit
verhält sich
zu jedem Punkt
unserer Geschichte
gleich unmittelbar.
Aus der Ewigkeit
ist es jeweils nur
ein einziger Schritt
in Raum und Zeit.

Während für uns
die Zeit abläuft und
unumkehrbar in
Vergangenheit,
Gegenwart und
Zukunft zerfällt,
ist Gottes Ewigkeit
vor, während und

nach all unserer Zeit
immer die eine Ewigkeit.

Mit unseren zeitlich
bedingten Begriffen
könnte man also
fast sagen, dass
aus Sicht der Ewigkeit
alles »gleichzeitig« ist.

Und wenn wir selbst
einst aus unserer
irdischen Leiblichkeit
zu ihm in die Ewigkeit
gerufen werden,
wird es auch für uns nur
ein einziger Schritt sein.[2]

Dann brauchen auch wir nicht
mehr auf die Uhr zu schauen;
denn der Schritt zu Gott dauert
nur einen einzigen Augenblick,
aber was wir dann an
Herrlichem sehen können,
eine ganze und spannende
Ewigkeit.

WIE EINE BLUME AUF DEM FELD

Es ist kein Rätsel, wenn wir sterben;
es ist ein Geheimnis, dass wir leben!

Der Tod als das Ende
einer so zerbrechlichen
und angewiesenen Existenz
ist eigentlich das Naheliegende
und Erwartbare.

Es ist ein Wunder,
wenn wir immer noch
und stets aufs Neue
und trotz allem weiterhin
leben dürfen und können.

»Lehre uns bedenken,
dass wir sterben müssen,
auf dass wir klug werden.

Fülle uns frühe mit deiner Gnade,
so wollen wir rühmen und
fröhlich sein unser Leben lang.«

Ps 90,12.14; 103,15 ff.

LEBENSKRISE ODER LEBENSKRITIK?

Oft erkennen wir erst
in einer persönlichen Krise,
was für uns in unserem Leben
eigentlich wesentlich ist.

Besser wäre es freilich,
wenn wir in unserem
wesentlichen Erleben
zugleich kritisch
erkennen würden,
was für uns in Wahrheit
unwesentlich ist.

Denn was wir brauchen,
um Wesentliches von
Unwesentlichem zu trennen,
ist die kritische Unterscheidung,
nicht aber unbedingt den
Unterschied der Krise.

ALLEINSAMKEIT

Als Glaubende mögen wir
uns noch oft *einsam* fühlen;
wir können aber wissen, dass wir
niemals mehr *allein* sein werden.

Mit der *Einsamkeit* sollten
wir zu leben lernen,
mit dem *Alleinsein* aber nicht.

Je weiter wir uns in dem,
was uns wesentlich ist,
selbst entfalten,
desto weniger Begleiter
werden wir wohl vorfinden.

Entscheidend ist aber nicht die
Anzahl unserer Beziehungen,
sondern deren Qualität.

»Siehe, es kommt die Stunde ...
dass ihr ... mich allein lasst.
Aber ich bin nicht allein,
denn der Vater ist bei mir.«

Joh 16,32

MIT ANDEREN AUGEN SEHEN

Schau dich nicht mit den
Augen deiner Feinde an,
sondern sieh dich selbst
stets im Angesicht deines
dich liebenden Gottes. –

> Aber müssen wir nicht auch
> Kritik aushalten und unsere
> Schwächen eingestehen? –

Dazu brauchst du aber wahrhaftig
nicht die einseitige Perspektive
deiner Neider und Gegner.

Was deine wirklichen Fehler und
wahren Schwachheiten sind,
kannst du überhaupt erst
richtig erkennen, wenn du
in Gottes Augen schaust.

Nur hier kannst du sehen,
was wahre Liebe und was somit
deine eigentliche Bestimmung ist.

Denn deine persönliche Identität
ergibt sich nicht aus der Summe

deiner Stärken oder Mängel,
deiner Verdienste oder Vergehen,
sondern aus der Gesamtheit
der von Liebe bestimmten
Gedanken, Handlungen
und Zusagen Gottes für dich.

Wenn du dann deine Schatten
im Licht seiner Zuwendung
versöhnt erkennen wirst
und wenn du im Schein
seiner vollkommenen Liebe
auch deine eigene
Unvollkommenheit
getrost eingestehen kannst,
dann wirst du dich selbst
schärfer erkennen können
als dein schlimmster Feind
bei all seiner Gehässigkeit.

»Errette mich von der Hand meiner Feinde
und von denen, die mich verfolgen.
Lass leuchten dein Antlitz über deinem
Knecht; hilf mir durch deine Güte!«

Ps 31,16 f.; vgl. 25,19 f.; 27,1 f.; 56,10

SCHLAF IST VERTRAUENSSACHE

Wenn ich nachts
vor lauter Sorgen
nicht schlafen kann,
dann hilft es mir,
wenn ich nicht
an all das denke,
was ich noch
zu tun habe,
sondern an das,
was Gott schon
alles getan hat.

»Ich liege und schlafe
ganz mit Frieden;
denn allein du,
Herr, hilfst mir,
dass ich sicher wohne.«

Ps 4,9

VERTRAGEN STATT NACHTRAGEN

Nachtragende Menschen
sind belastete Menschen.

Denn was sie anderen
anhängen wollen,
müssen sie ihnen zunächst
selbst hinterhertragen.

Und falls die anderen das
ungute Spiel durchschauen
und die fremden Vorwürfe und
Anklagen nicht auf sich nehmen,
müssen sie die böse Last
auch noch allein weitertragen.

Dann erfahren die Nachtragenden
nicht einmal die kurzfristige
und trügerische Erleichterung,
die eigene Kränkung und Wut
bei einem anderen abzuladen
oder doch mit ihm zu teilen.

Wer nicht mutig loslassen kann,
wird so immer schwermütiger;
wer sich nicht versöhnen mag,
wird damit immer unversöhnter;

und wer nicht vergeben will,
belastet sich selbst immer mehr.

So erleichtert unsere Bereitschaft
zu Vergebung und Versöhnung
nicht nur die, denen wir sie schenken,
sondern zunächst und ganz unmittelbar
auch uns selbst als Loslassende,
Abgebende und Schenkende.

Uns fällt es oft schwer zu vergeben;
dabei würde es uns erleichtern.
Denn als nachtragende Menschen
bleiben wir belastete Menschen.
Wenn wir einander in Liebe ertragen,
dann trägt uns in Wahrheit die Liebe.

»Ertrage einer den andern und
vergebt euch untereinander,
wenn jemand Klage hat
gegen den andern;
wie der Herr euch vergeben hat,
so vergebt auch ihr!
Über alles aber zieht an die Liebe,
die da ist das Band der Vollkommenheit.«

Kol 3,13f.[3]

WIE SIND MEINER FEINDE SO VIEL

In der Regel schenken wir den
negativen Aussagen anderer
über uns mehr Beachtung
als den positiven.

Warum geben wir ausgerechnet
denen Raum in unseren Herzen,
die es böse mit uns meinen?
Wieso belasten wir uns gerade
mit den Worten und Gedanken
derer, die uns feind sind?

Sollten wir all das Böse nicht
angesichts der Liebe des
für uns gekreuzigten Christus
in den Tod geben und
in seinem Grab beerdigen?

Seit Ostern ist für all das
ja gewiss genug Platz
in Jesu leerem Grab.

Ps 3; Röm 6,3 f.; Kol 2,12.20

DANKBAR IM ÜBERFLUSS

Macht Reichtum dankbar
oder Dankbarkeit reich?

Glück ist nicht nur eine
Frage des Schicksals,
und Zufriedenheit ist
nicht nur ein Ergebnis
der äußeren Erfahrung.

Der Dankbare ist der Beschenkte;
und wer sich von dem her versteht,
was er schon Gutes erfahren hat,
der ist reich.

Wir brauchen nicht auf
den Überfluss zu warten,
um dankbar zu sein,
sondern wir können
unser Glück erkennen,
indem wir reichlich
dankbar werden.

Kol 2,7

ZUFRIEDEN

Der Tag war schön,
ich danke dir –
auch für die Nacht –
und freue mich
auf jeden
neuen Morgen,
Herr, mit dir.

UNVERKÜRZTE FREUDE

Vorfreude ist die
Vermeidung von
Zeitverschwendung.

Wenn etwas, was uns
morgen erfreuen wird,
schon heute gewiss ist,
warum sollten wir die
Zeit der Erfüllungsfreude
dann künstlich verkürzen?

UM IHRER UNEINGELÖSTEN
ZUKUNFT WILLEN

Das Faszinierende an der Zukunft
sind die vielen Möglichkeiten,
die sie uns eröffnet.
Vieles ist noch nicht festgelegt,
neue Wege liegen offen vor uns.
Hoffnungsvolle Aussichten
machen uns zuversichtlich;
und die Möglichkeiten des Gelingens
und der glücklichen Fügung
geben uns Mut und Kraft.

Wenig Sinn macht es freilich,
vergangenen Möglichkeiten
nachzutrauern und sich mit
verpassten Gelegenheiten
unnötig aufzuhalten.
Denn was vergangen ist,
ist nicht mehr möglich,
sondern wirklich;
und was nicht mehr vor uns liegt,
sondern bereits hinter uns,
ist Tatsache und Gegebenheit.

Freilich können wir aus unserer
Vergangenheit für die Zukunft lernen

und aus unserem Gelingen
wie aus unserem Scheitern
Konsequenzen ziehen.

Dann befragen wir
unsere Erfahrung
nach ihren lebensfördernden
und zukunftseröffnenden
Perspektiven,
und wir erinnern uns
in unserer Gegenwart
an unsere Vergangenheit
um ihrer noch uneingelösten
Zukunft willen.

LEERSTELLEN ODER LEHRSTELLEN DES GLAUBENS?

Der erfahrene Glaube lernt
Anfechtungen im Glauben
nicht nur als eine Form
der Abwesenheit von
Glaubenserfahrung
zu begreifen,
sondern selbst schon
als eine konkrete Gestalt
der Glaubenserfahrung.

So wie Übung und Belastung
nicht den Gegensatz zu
Stärke und Ausdauer bilden,
sondern deren Voraussetzung,
so sind die Herausforderungen
und Schwierigkeiten im Glauben
nicht nur als die Verlegenheiten
des Glaubens zu verstehen,
sondern durchaus auch als
Gelegenheiten seiner Bewährung.

1. Petr 1,6-9; Jak 1,2-4.12

ZUTRAUEN, VERTRAUEN, ANVERTRAUEN

Der Glaube will nicht
seinen eigenen
Puls fühlen,
sondern den
Herzschlag Gottes.

Der Glaube liebt es nicht,
sich mit sich selbst
zu beschäftigen,
sondern mit dem,
was Gott beschäftigt.

Denn Glauben bedeutet,
sich von Gott her zu verstehen
und sich ganz in ihm zu gründen.

Wer glaubt, verlässt sich selbst,
indem er sich auf Gott verlässt.

Ein selbstbezogener Glaube
wäre ein Widerspruch in sich.

Röm 3,22 ff.; 4,16 ff.; Hebr 11,1 ff.

ICH FALLE MIR JA NUR
UNGERN SELBST INS WORT

Es muss durchaus kein
Selbstwiderspruch sein,
wenn man sich einmal
selbst widerspricht.

Wenn wir unsere
eigenen Klagen schon
auswendig kennen
und uns bei unserem
Selbstmitleid ertappen,
dann dürfen wir uns
schon einmal vor Gott
im Gebet hintergehen
und uns standhaft
selbst ins Wort fallen.

»Was betrübst du dich, meine Seele,
und bist so unruhig in mir?
Harre auf Gott, denn ich
werde ihm noch danken,
dass er meines Angesichts Hilfe
und mein Gott ist.«

Ps 42,6.12; 43,5

DER ALTE ADAM HAT ES
NICHT SO MIT DER LOGIK

Ist es nachvollziehbar,
dass jemand, der den
Geist Christi empfängt
und damit von seinem
Sein her »geistlich« ist,
dennoch »fleischlich«
denkt, redet und lebt?

Es ist logisch widersinnig
und theo-logisch unsinnig,
aber anthropo-logisch
kommt es uns dennoch
immer wieder in den Sinn.

1. Kor 3,1-3; Röm 8,5-11; Gal 5,25

PARADOX DES VERTRAUENS

Wir verlieren,
was wir
verkrampft
festhalten
wollen;
und was wir
im Vertrauen
loslassen,
können wir
neu ergreifen.

GEBETSERHÖRUNG STATT SELBSTZERSTÖRUNG

»Sorgt euch um nichts,
sondern in allen Dingen
lasst eure Bitten in
Gebet und Flehen
mit Danksagung
vor Gott kundwerden!«

Phil 4,6

Wenn es um das
eigene Sorgen geht,
heißt es jedenfalls:

»Lieber *Hände* falten
als *Sorgen*falten!«

MEHRE UNS DEN GLAUBEN!

Den größten Glauben
erweisen wir nicht,
wenn wir uns etwas
vornehmen und tun,
sondern indem wir
im Vertrauen loslassen
und Neues ergreifen.

Denn die wahre Kraft
des Glaubens liegt
nicht in der eigenen Größe,
sondern in dem Vertrauen
auf die Zuverlässigkeit
und Stärke dessen,
dem wir glauben.

Der Glaube selbst kann
dabei so unscheinbar sein
wie ein kleines Senfkorn.
Entscheidend ist,
wem er gilt und
was daraus erwächst.

Lk 17,5

RELATIVITÄTSTHEORIE

Vom Himmel aus gesehen
würde manches Problem
gewiss kleiner erscheinen.
Im zukünftigen Rückblick
werden sich gegenwärtige
Ängste vielfach relativieren.

Aus der Perspektive des
ewigen Lebens wird wohl
alles, was uns in diesem
irdischen Leben bestimmt,
noch einmal in einem ganz
neuen Licht erscheinen.

Wäre es nicht himmlisch,
wenn wir bereits auf Erden
die Perspektive des ewigen
Lebens gewinnen würden
und alle gegenwärtigen Sorgen
schon im Licht der zukünftigen
Herrlichkeit sehen könnten?

Sie suchen einen Begriff für diese
praktische »Relativitäts-Theorie«?[4]
Wie wäre es mit – »Glauben«?[5]

NOCH BESSER ALS WELLNESS!

Wenn wir die Sünde
als Trennung von Gott,
unserem Schöpfer,
verstehen
und wenn wir das
als Sünde erkennen,
was Leben und Liebe
einschränkt,
dann ergibt sich für uns
als gesundheitsbewusste
Zeitgenossen doch die
unausweichliche Frage:

Kann es etwas
Gesünderes geben
als das Genesen
von der Sünde und
das Gesundwerden
im Glauben?

ZUM BILDE GOTTES

Wer sich in seinem Glauben
von Gott her versteht,
der wird sich auch
selbst verständlich.

Wer Gott selbstvergessen
von Herzen lieben will,
der wird gerade
dadurch selbstbewusst.

Und wer in Gott seine Mitte hat,
ist ganz bei sich selbst.

Das heißt nicht etwa, dass
wir selbst göttlich wären,
sondern schlicht, dass
wir als Gottes Gegenüber,
d. h. als seine Ebenbilder,
Gott endlich Gott sein lassen
und uns seine Menschen.

1. Mose 1,27

SEIN WIE GOTT ODER
SEIN MIT GOTT?

Gebet eines Geschöpfes,
das durch seinen Schöpfer
zu sich selbst gefunden hat:

»Du bist Gott, und ich bin Mensch.

Du hast mich gewollt und erschaffen;
das muss ich nicht mehr selbst tun.

Ich brauche nicht wie Gott zu werden;
aber ich darf sein, wozu du mich
geschaffen hast – dein Mensch.

Ich kann nicht wie du sein, Gott;
aber du wurdest in Jesus Christus,
was ich bin, Mensch,
damit ich an dem teilhaben kann,
was du bist, Leben und Liebe.

Du bist ewig, ich bin endlich;
endlich bin ich mit dir ewig!«

2. Petr 1,3f.

UND SCHÄMTEN SICH NICHT!

Unser Angewiesensein
als Geschöpfe
gründet nicht etwa
in der Sünde,
sondern die Sünde
beruht in der Verleugnung
unseres Angewiesenseins
auf Gott, unseren Schöpfer.

Dass wir Gott brauchen,
ist also kein Hinweis auf
unsere Unzulänglichkeit.
Die liegt vielmehr darin,
dass wir uns ausgerechnet
dessen schämen, dass wir
auf ihn hin geschaffen sind.[6]

1. Mose 2,25

UND IHR WERDET STILLE SEIN!

Man sollte bei unserer
üblichen Bequemlichkeit
meinen, dass es uns
allemal leichter fällt,
nichts zu tun,
als zu viel zu tun.

Es gibt aber Situationen,
da ist es genau umgekehrt:

Wir ertragen es nicht,
dass wir ablegen sollen;
und wir regen uns darüber auf,
dass wir uns beruhigen sollen.

Da macht es uns verrückt,
dass es vernünftig wäre,
zunächst einmal
nichts zu machen.

Wir weigern uns zu begreifen,
dass Glaube zuerst einmal
ergriffen sein bedeutet,
und wir trauen unserem
eigenen Vertrauen nicht.

Wir wollen nicht einsehen,
dass wir wohl in Hoffnung
bereits wahrnehmen, aber
noch nicht schauen werden.
Und wir können nicht fassen,
dass wir aus Liebe jetzt
gerade loslassen sollen.

»Sei stille dem Herrn
und warte auf ihn!«

»Seid stille und erkennet,
dass ich Gott bin!«

»Wenn ihr umkehrtet
und stille bliebet,
so würde euch geholfen:
Durch Stillesein und Hoffen
würdet ihr stark sein.«

2. Mose 14,14; Ps 37,7; 46,11; Jes 30,15[7]

ICH HABE KEINEN MENSCHEN!

Wenn du dich einsam fühlst,
dann bete nicht für dich,
sondern für andere;
und du wirst sehr
schnell erkennen,
dass du in Wahrheit
gar nicht allein bist.

HOFFENTLICH ENTTÄUSCHE ICH DICH NICHT!

Wir können Gott
nicht enttäuschen!

Denn um von uns
ent-täuscht zu werden,
müsste er sich zuvor
in uns ge-täuscht haben.

Als Gott kennt er uns
in seiner Allwissenheit
von jeher als die, die wir sind,
und als die Liebe in Person
liebt er uns schon immer
eben genau so, wie wir sind.

Im Unterschied zu mancher
menschlichen Beziehung
beruhen die Anerkennung und
die Zuwendung bei Gott also
nicht auf unserem Schein
und äußerem Eindruck,
sondern auf seinem Sein
und innerem Ausdruck.

RÄTSELHAFTES GEHEIMNIS?

Rätsel kann man lösen,
und Geheimcodes kann
man knacken,
aber ein *Geheimnis*
wird weder entschlüsselt
noch endgültig bewältigt.

Ein Geheimnis
erschließt sich uns.
An einem Geheimnis
dürfen wir teilhaben.

Ein Geheimnis gewinnt
gerade durch Entdeckung
und wird umso größer,
je mehr wir es erkennen.

Der Glaube, die Hoffnung
und die Liebe
mögen uns manchmal
rätselhaft erscheinen,
sie sind aber in Wahrheit
ein großes dreifaches
Geheimnis.

BEGRENZT ODER BEZIEHUNGSWEISE?

In dieser Welt ist alles *relativ*.
Denn alles hängt von vielem ab,
und nichts ist ohne *subjektive*
Wahrnehmung.

Von *Objektivität* können wir
eigentlich erst ausgehen,
wenn wir alles auf Gott beziehen,
der von dieser Welt frei und
von uns unabhängig ist.

So ergibt sich die befreiende Einsicht,
dass wir den Fluch der *Relativität*
erst überwinden können,
wenn wir den Segen der
Beziehung zu Gott erkennen.

Gerade in der Relation zu Gott wird
unsere eigene Relativität relativiert –
sie wird »in Beziehung gebracht«.

BLICKKONTAKT
SEHEN UND ERSEHEN WERDEN

Im Angesicht Jesu Christi
blicken wir in Gottes Augen.

Was wir da sehen können,
ist zunächst das Gesicht
und Wesen Jesu Christi.

Wenn er uns anschaut,
dann sehen wir seine
leidenschaftliche und
brennende Liebe,
in der er sogar bereit war,
für uns und zu unseren Gunsten
das eigene Leben einzusetzen –
bis hin zum Tode am Kreuz.

In seinen Blicken aber
spiegelt sich zugleich
die Liebe seines Vaters,
den wir mit seinen Augen
auch als unseren Vater
sehen und erkennen dürfen.

Und während wir mit
dem zufrieden wären,

was wir in ihren Augen
sehen und erkennen,
fällt ihr Blick unweigerlich
zugleich auch auf uns,
und wir erkennen uns als
von ihnen schon längst
erkannt und ersehen.

Wir schauen erstmals auf
uns selbst mit *ihren* Augen
und sind so fasziniert
von ihrer Zuwendung
wie wir doch von dem,
was wir in uns erkennen,
sonst entsetzt sein müssten.

Und dennoch wollen wir
ihrem Blick nicht ausweichen;
denn unsere Augen haben
noch nie etwas so Herrliches
und Befreiendes gesehen
wie in diesen unvergleichlichen
Augenblicken Gottes.

2. Kor 4,6[8]

BEDEUTSAMKEIT

Wer sich selbst für
ganz hervorragend hält,
der schaut bei seiner
Selbsteinschätzung
wohl nur nach unten.

Und wer sich selbst
als außerordentlich
bedeutsam ansieht,
der vergleicht sich vielleicht
mit den falschen Personen,
oder er weiß nicht um
die Bedeutsamkeit
der Ordentlichen.

Wer sich aber umgekehrt
im Vergleich zu anderen
für völlig unbedeutend
und unwichtig hält,
der hat noch nicht
in die liebenden Augen
Gottes geschaut.

Für seine Liebe sind wir alle
grundsätzlich bedeutsam und
unverwechselbar wertvoll –

ob wir aus menschlicher Sicht
gerade herausragen oder
durchschnittlich sind,
ob wir selbst uns nun mit den
Kleinen oder Großen vergleichen.

Vor Gott gewinnen wir unseren
besonderen Wert nicht durch
die Unterscheidung von anderen,
sondern durch den Unterschied,
den seine besondere, wertvolle und
ganz andere Liebe zu uns bewirkt.

ICH HÄTTE DA MAL EINE FRAGE

»Das war nicht meine Frage!«,
erwidern wir gelegentlich,
wenn jemand anders antwortet,
als wir es bei unserem Fragen
eigentlich erwartet haben.

Dabei setzen wir voraus,
dass wir uns besser kennen
als unser Gegenüber
und dass wir schon wissen,
worauf unsere Frage
in Wahrheit hinausläuft.

Aber können wir selbst uns
als Geschöpfe überhaupt
durchschauen und erkennen,
bevor wir uns von unserem
Schöpfer her verstehen?

Was wir in Wahrheit
sagen und fragen wollen,
wird uns erst bewusst,
wenn Gott zu uns spricht.

Wie sollen wir wissen,
was unsere Frage ist,

bevor wir hören, was
Gott uns antwortet?

So erhielt schon Nikodemus,
als er in der Nacht zu Jesus kam,
eine eindeutige Antwort,
bevor er überhaupt dazu kam,
seine eigene Frage zu stellen.

»Wenn jemand nicht
von Gott gezeugt und
von neuem geboren wird,
kann er das Reich Gottes
nicht sehen.«

So mögen auch wir es
gelegentlich erleben,
dass wir auf Gottes Reden
zunächst überrascht reagieren:
»Das war nicht meine Frage!« –

Aber es war *Gottes Antwort*!

Joh 3,3; vgl. 1,13

MEINE GNADE REICHT FÜR DICH AUS

Licht und Schatten, Kraft und Schwachheit, Zuversicht und Niedergeschlagenheit – unser Leben ist von Gegensätzen bestimmt, und die Perspektiven unserer Zukunft sind voller Kontraste. Da verwundert es nicht, dass wir uns für die kommende Zeit eine Auflösung der Spannungen wünschen und eine Überwindung der Einschränkungen unseres Lebens. Licht soll es endlich sein und nicht dunkel, stark und durchsetzungsfähig wollen wir sein und nicht länger gebeugt und niedergeschlagen.

Wenn wir vom Glauben eine Hilfe erwarten, dann wohl die, dass er uns befähigt und stärkt, dass er uns unsere Schatten und Schwächen vergessen lässt. Aber sind wirklich unsere Schwachheit und unser Angewiesensein unser Problem – oder nicht vielmehr die Art, wie wir damit umgehen? Sind wir das, was wir geworden sind, wirklich nur durch Bestätigung und Erfolg geworden?

Schwerwiegende Entscheidungen fallen selten in leichten Zeiten, und tief gehende Veränderungen entstehen nicht durch oberflächliche Erfahrungen. Verständnis für die Schwachheit anderer erwächst nicht aus der eigenen Stärke, und wie man andere Menschen tröstet, wissen wir erst, wenn wir nicht nur getrost, sondern auch selbst getröstet sind (2. Kor 1,3 f.). Warum also sehnen wir uns so sehr nach einem lichten und unbeschwerten Leben, wenn das, was uns so wertvoll macht, in einem verletzlichen und tiefgründigen, in einem lebendig gelebten Leben liegt?

Als der Apostel Paulus seinen Herrn nachdrücklich darum bittet, ihn von einer schmerzhaften – wohl gesundheitlichen – Einschränkung zu befreien, er hält er von ihm eine so überraschende wie entlastende Antwort: »Meine Gnade reicht für dich aus, denn meine Kraft ist in den Schwachen mächtig!«

Nicht etwa mit seiner Schwachheit soll sich Paulus begnügen, sondern mit der überfließenden Gnade, die ihn mit all seiner Schwachheit wie ein Strom kraftvoll umgibt. Nicht seine Schattenseiten soll er annehmen, sondern das strahlende Licht der Zuwendung Gottes, das ihn samt seinem Schatten erhellt und ihn in Wärme umschließt. Nicht seine Grenzen soll er akzeptieren, die sich wie eine dunkle Wand vor ihm aufbauen können, sondern die unbegrenzte Liebe Christi, die auch die finstersten Aussichten durchbricht.

Paulus selbst folgert: »So will ich mich nun sehr gerne umso mehr meiner Schwachheit ›rühmen‹, damit die Kraft Christi bei mir wohne. Deshalb bin ich zufrieden und bejahe meine Schwachheiten ...; denn wenn ich schwach bin, dann bin ich stark« (2. Kor 12,9 f.).

Für die Liebe ist nämlich nicht die Schwachheit des anderen eine Einschränkung, sondern nur die Verleugnung des eigenen Angewiesenseins. Für die Gnade ist nicht die Bedürftigkeit des Gegenübers ein Problem, sondern erst deren Bestreitung. Mag den Geliebten auch eine eigene Schwachheit wie ein »Dorn im Fleisch« schmerzen, so wird er doch nicht nur trotz, sondern mit all seinen Schwachheiten geliebt. Denn eine unbedingte Liebe gilt nicht nur den Stärken und Leistungen des Gegenübers, sondern ihm selbst mit all seinen Schwächen und Fähigkeiten. Nicht einmal die Schuld muss der Gnade im Wege stehen, denn die Gnade ist bereit zu vergeben und zu versöhnen. Hinderlich ist eher die Weigerung, das Geschenk der Vergebung anzunehmen.

Wir erwarten von unserem Glauben, dass er wächst und uns stark werden lässt. Dabei liegt die Stärke des Glaubens gerade darin, dass er uns zunehmend mit unserer eigenen Schwachheit versöhnt und uns die Kraft unseres Gottes und die Größe seiner Liebe überwältigend vor Augen stellt. Denn in der Beziehung geht es nicht um die eigene Stärke und Leistung, sondern um uns selbst! Wenn wir erkennen, dass Christus nicht nur durch unsere Fähigkeiten und Gaben, sondern durch *uns* – in unserem Angewiesensein auf Liebe – wirken will, erfahren wir eine ganz neue Stärke, die nirgends eindeutiger zu greifen ist als in unserer Schwachheit.

Dabei ist die Kraft dieser Liebe nicht etwa nur in der Schwachheit der Geliebten mächtig, sondern zugleich auch durch sie. Ein wirklich starker Glaube zeigt sich nämlich nicht am kraftvollen und selbstbewussten Auftreten, sondern in der Fähigkeit, sich anderen Schwachen zuzuwenden, ohne sie zu erniedrigen, auf Fragende einzugehen, ohne sie zu belehren, Zweifelnde zu begleiten, ohne ihnen die eigenen Lösungen aufzuzwingen, Hilflosen so zu helfen, dass sie nicht noch hilfloser werden, Unsichere zu ermutigen, ohne ihnen ihre eigene Verantwortung abzunehmen. Kurzum, die Stärke des Glaubens erweist sich in der Fähigkeit, mit der Schwachheit anderer verantwortlich und liebevoll umzugehen.

Für eine solch voraussetzungslose Annahme und bedingungslose Liebe steht das Kreuz, das seine Stärke gerade in der selbstlosen Zuwendung und Hingabe erweist. Denn es hat Gott in seiner Stärke und Kraft gefallen, in Jesus Christus Mensch zu werden und vom Himmel auf die Erde zu kommen. Er nahm teil an dem, was wir sind, damit wir in seiner Gemeinschaft teilhaben können an dem, was er ist. Er wurde sterblich, damit wir in ihm erfüllendes und bleibendes Leben finden. Er wurde arm und schwach, damit wir durch seine Armut reich und durch seine Schwachheit stark würden. Damit aber hat er durch sein Leben und Wirken, durch sein Kreuz und seine Auferstehung die Gegensätze versöhnt, das Trennende überwunden und Schwachheit und Tod besiegt.

Was bedeutet es dann also zu glauben, Stärke oder Schwachheit, Freude oder Traurigkeit, Gewinn oder Verlust, Glücklichsein oder Leiden? Beides – und das Erste mitten im Zweiten.

ICH WILL DICH SEGNEN

Gewiss brauchen wir
und wünschen wir uns
Gottes reichen Segen.

Aber was ist noch schöner
als gesegnet zu werden?

Für andere Menschen
von Gott zum Segen
gebraucht zu werden.

»Ich will dich segnen ...,
und du sollst ein Segen sein.«

1. Mose 12,2

GOTTBEWUSST ODER WELTVERGESSEN?

Was ist geistlich gesehen
wohl höher zu bewerten,
wenn einer sich
in seiner Gottessuche
von allem zurückzieht
und als Einsiedler lebt
oder wenn er verkündigend,
lehrend und in tätiger Liebe
zu den Menschen geht?

Wer Gott wirklich
begegnet ist und
ihn von Herzen liebt,
den zieht es zu
den Menschen,
denn Gottes Herz ist
bei den Menschen.

WIE SICH EIN VATER
ÜBER KINDER ERBARMT

Gott ist bei seinem
gnädigen Wirken
durch uns nicht von
unseren eigenen
Voraussetzungen
abhängig.

Denn in seiner
Liebe zu uns
setzt er gerade
unsere Abhängigkeit
von seiner eigenen
Gnade voraus.

Ps 103,1-14

SCHEINHEILIG ODER STRAHLEND GERECHT?

Im Scheinwerferlicht
einer Großveranstaltung
als Lichtgestalt zu wirken
und bei einer Predigt
auf der Kanzel als
fromm zu erscheinen,
ist keine große Kunst.

Der Heilige ist aber
nur so heilig, wie er
in der Einsamkeit ist,
und der Gerechte
nur so gerecht,
wie er sich auch
ohne Zuschauer
und allein verhält.

Mt 6,1-18

DA TRIEB IHN DER GEIST
IN DIE WÜSTE

Manchmal ist es auch
Gottes eigener Geist,
der uns in die Wüste führt,
damit wir uns bewähren.

Wenn wir dann stattdessen
den Trubel suchen und uns
lieber geschäftig um die
Massen kümmern wollen,
hinterlassen wir für andere
genau die Wüste, die wir
eben noch meiden wollten.

Mk 1,12

UND DIE ENGEL DIENTEN IHM

Warum wird ausgerechnet
bei der Versuchung Jesu so
betont hervorgehoben, dass
Gottes Engel zu ihm traten
und ihm dienten?

Wenn wir trotz aller Versuchungen
ausschließlich Gott anbeten und
ihm allein von Herzen dienen wollen,
dann sendet uns Gott seine Engel,
damit sie uns dienen.

Es steht geschrieben:
»Du sollst anbeten
den Herrn, deinen Gott,
und ihm allein dienen« …
Da traten Engel zu ihm
und dienten ihm.

Mk 1,12 f.; Mt 4,10 f.

GEMEINDEERNEUERUNG

Die Frage ist weniger,
ob wir genug dafür beten,
dass Gott eine Erweckung oder
geistliche Erneuerung schenkt,
sondern vielmehr,
ob wir auch bereit sind,
dass er bei uns persönlich
damit anfängt.

GLAUBE UND DENKEN

Bilden Vertrauen und Wissen,
bilden Glaube und Denken
nicht unüberbrückbare
Gegensätze?

Die einen glauben,
die anderen denken,
und wieder andere
glauben, dass sie denken,
oder denken, dass sie glauben;
aber eigentlich gehört
beides wesentlich und
untrennbar zusammen.

Denn wer will schon auf der Basis
eines gedankenlosen Glaubens
oder eines unglaubwürdigen
Denkens leben.

Unser Vertrauen will doch
begründet sein,
und unser Denken soll unserer
besseren Lebensentfaltung
und Beziehungsfähigkeit dienen.

EINE FRAGE DER RELATION

Demut ist die Frucht
einer Selbsterkenntnis,
die in der Erkenntnis der
Größe Gottes gründet.

Demut ist somit
keine Form der
Selbsterniedrigung,
sondern eine Folge
der Erhabenheit Gottes.

Hochmut hingegen
beruht auf einem Mangel
an Beziehungsgewissheit
und Selbsterkenntnis.

Denn wer sich selbst
für den Größten hält,
hat sich bisher wohl nur
mit sich selbst verglichen;
aber wer Gott schaut,
der verliert das Bedürfnis,
selbst unvergleichlich
groß sein zu wollen.

MIT LEEREN HÄNDEN

Sag mal, findest du das
nicht erniedrigend und
entwürdigend, wenn du
stets auf Gottes Gnade
angewiesen bleibst und
ständig mit leeren Händen
zu Gott kommen musst?

Wenn du wüsstest, wie
reich wir durch Gottes
Zuwendung und Güte
beschenkt werden,
kämst du niemals
auf den Gedanken,
mit gefüllten Taschen
und beladenen Armen
vor deinen Gott zu treten.

Wie sollte ich denn all
die Geschenke seiner
überwältigenden Liebe
fassen und ergreifen,
solange meine Hände noch
verkrampft an all meinem
eigenen Krempel festhalten?

SCHIRM UND SCHILD

Von dir und aus deiner Gnade
bin ich geschaffen worden –
einzigartig!

Durch dich und deine
selbstlose Zuwendung
bin ich erlöst und befreit –
wertvoll!

In dir habe ich teil an alldem,
was du durch dein Kreuz und
deine Auferstehung bewirkt hast –
kostbar!

Zu dir und zu deiner
vollkommenen Liebe
willst du mich führen und
durch alle Gefahren begleiten –
herrlich!

Ich bin einzigartig, wertvoll,
kostbar und herrlich
geborgen in dir!

Ps 91,1 ff.; Kol 1,16 f.; Röm 11,36

UM ANTWORT WIRD GEBETEN!

Bekam ich doch neulich
die Einladung zu einer
Jahresversammlung einer
ehrenwerten Institution
mit der freundlichen Bitte um
entsprechende Ergänzung:

> »Ich kann teilnehmen …
> Ich komme in Begleitung …
> Ich komme mit Chauffeur …
> Ich komme mit Bodyguards …
> Wenn ja, wie viele …?«

Was sollte ich da als ein
vom Geist Geführter,
unter dem Schirm des
Höchsten Sitzender und
von der Wolke der Zeugen
aller Gläubigen seit Abraham
Umgebener wohl ankreuzen?

Nun, ich konnte dann
sowieso nicht zusagen –
WIR hatten bereits
einen anderen Termin![9]

WAHRE GRÖSSE

Es gibt keine
großen Frauen und
Männer Gottes,
aber es gibt
beeindruckende
Persönlichkeiten,
die durch ihre
Gesinnung,
durch ihr Reden
und Verhalten
erkennen lassen,
dass sie einem
großen Gott
zugehören.

Mk 10,42-45; Joh 1,19-28

LEBENDIGER GLAUBE

Es gab gewiss Zeiten,
in denen der Glaube
an die Auferstehung Jesu
verbreiteter war
und die Hoffnung
auf ein ewiges Leben
für viele Christen
bestimmender.

Aber Christus selbst
war nie lebendiger
als gerade heute.[10]

WIE IM HIMMEL, SO AUF ERDEN

Wenn Gott uns
im Glauben
sein Leben schenkt,
dann will er
nicht nur uns
von der Erde
in den Himmel
bringen,
sondern durch uns
auch den Himmel
auf die Erde.

Mt 5,13-16; 6,9f.

KOMM UND SIEH!

Glauben bedeutet,
sich selbst und andere
mit den Augen Gottes
zu sehen.

So geht es beim Glauben
offensichtlich um einen
Wechsel der Perspektive.

Die äußeren Umstände
mögen zunächst noch
ähnlich erscheinen,
aber wenn wir etwas
aus dem Blickwinkel
Gottes sehen können,
verändert das alles.

VON DER REALITÄT DES ABWESENDEN

Du wirkst auf mich
so ausgeglichen,
erfüllt und heiter;
vermisst du denn
in deinem Leben
nichts Wesentliches? –

Doch, ich vermisse
so manches von dem,
was mir wichtig ist;
aber das habe ich
ja nicht *nicht*,
sondern nur
gegenwärtig nicht
oder *noch* nicht.

Also kann ich in
dankbarer Erinnerung
und freudiger Erwartung
auch dann damit leben,
wenn ich es gerade nicht
sehen oder fühlen kann.

GOTTES- ODER MENSCHENFURCHT?

Weißt du, warum
der Himmel für dich
so entlastend und
befreiend sein wird?
Dann wirst du endlich
allein nach dem fragen,
was Christus will,
und nicht nach dem,
was Menschen wollen. –

Aber ich frage doch jetzt schon
nach dem Willen Gottes!? –

Fragst du wirklich schon
nach dem Willen *Gottes*
oder nach dem, was
Menschen für den
Gotteswillen halten?

»Alles, was ihr tut,
das tut von Herzen
als dem Herrn und
nicht den Menschen.«

Kol 3,23; Apg 5,29[11]

MIT GANZEM EINSATZ

Wir machen es uns
mit unserem Glauben
wirklich nicht zu einfach.

Wir zerbrechen
uns den Kopf
und laufen uns
die Füße platt.
Wir reißen uns
einen Arm raus
und lassen uns
die Sorgen an
die Nieren gehen.

Dabei brauchten
wir Gott und
unseren Nächsten
doch einfach nur
von *ganzem Herzen*
zu lieben.

Mk 12,28-34; 1. Joh 4,7-21

ICH BIN ES NICHT!
BEFREIENDE SELBSTBESCHRÄNKUNG

Manchmal sind wir nicht erschöpft
von dem, was wir sind und tun,
sondern schon von den unbegründeten
Erwartungen und Ansprüchen,
die wir an uns selbst haben,
aber nicht erfüllen können.

So können wir durch unrealistische
Selbstbilder schon ganz am Ende sein,
bevor wir richtig angefangen haben.
Und durch falsche Selbstverpflichtungen
wirken wir entkräftet und abgekämpft,
ehe es zu irgendeiner Wirkung kommt.

Dann mögen wir es als befreiend erleben,
wenn wir mit Johannes dem Täufer
zwei Erkenntnisse vor all unser eigenes
Wirken und Selbstverständnis setzen:
Erstens die erlösende Gewissheit,
dass Gott in Christus als Erlöser kommt,
und zweitens die schlichte Wahrheit,
dass wir selbst *nicht* der Messias sind.

Denn es hat etwas enorm Entlastendes,
wenn wir alle eitlen Allmachtsphantasien

und Ohnmachtsgefühle beiseitelassen
und schlicht das werden, was wir
durch Gottes Gnade und Erwählung
unbeschwert und fröhlich sein können:
eine Stimme in der Wüste,
die auf Christus verweist und ihn
als den wirklich Großen bezeugt.

Auf die Frage: »Wer bist du?«,
antwortete Johannes mit der
erfrischend eindeutigen Antwort:
»Ich bin nicht der Christus!«

Man muss ehrlicherweise zugeben,
dass auch dieses auf Christus weisende
und ihn bekennende Leben durchaus
Schwierigkeiten, Widerstände und
Verfolgungen nach sich ziehen kann.

Aber ist es nicht besser für das zu leiden,
was Jesus Christus als Retter *wirklich* ist,
als für das, was *wir* eben *nicht* sind?

Mk 1,7 f.; Joh 1,19-23.27

EIN SINNVOLLES UND
BEDEUTSAMES LEBEN

Um erfüllt und glücklich
leben zu können,
suchte ich nach dem
Sinn meines Lebens.
Aber könnte mich eine
vernünftige Erklärung
zuversichtlich machen?
Sollte eine kluge Antwort
allein schon befriedigend
mein Leben erschließen?

So versuchte ich,
wenigstens bedeutsam
und herausragend zu sein,
um die Zuwendung und
Aufmerksamkeit zu gewinnen,
die mein Leben rechtfertigt.
Aber kann ich den Wettlauf
um Wert und Anerkennung
überhaupt gewinnen,
wenn ich das zum Ziel erkläre,
was ich doch eigentlich als
Startvoraussetzung benötige?

So gab ich die Suche nach
Sinn und Bedeutsamkeit auf,
als sich mir das Geheimnis
der Liebe erschloss.
Und ich fand eine schlüssige
Antwort für mein Leben, als
ich mich an die Liebe verlor.

Denn wenn wir geliebt werden,
erfahren wir unser Leben
als herausragend bedeutsam;
und wenn wir andere um ihrer
selbst willen lieben wollen,
erleben wir unser Leben
als ganz und gar sinnvoll.

IN DER DEMUT MACHT MIR SO
SCHNELL KEINER WAS VOR

Demut ist nicht die
verinnerlichte Kunst
einer unerkannten
Selbstverstellung,
sondern die Äußerung
einer ungekünstelten
und unverstellten
Selbsterkenntnis.

AUGENKONTAKT

Wer einmal
in die gütigen
Augen Gottes
geblickt hat,
der mag sich selbst
nicht mehr missgünstig,
ungnädig oder lieblos
handeln sehen.

Denn Gottes Blick
verwandelt unsere
Sehgewohnheiten.

Lk 15,1-32

GOTT IST DIE LIEBE – WER BIN ICH?
ODER: MENSCHENWÜRDE

Nur die Liebe kann uns
glaubhaft vermitteln,
dass wir einzigartig
und bedeutsam sind.

Kennen wir diese Liebe,
dann können wir unser
Gegenüber und uns
selbst erkennen.

Aber wie schwer ist es,
andere anzuerkennen,
wenn wir selbst nicht
erkannt worden sind.

›BILLIGE GNADE‹ ODER
WERTVOLLE LIEBE?

Wenn wir die voraussetzungslose
Liebe Gottes so eindringlich betonen,
legt sich dann nicht das Missverständnis
einer »billigen Gnade« nahe?

Wie könnten wir eine solch wertvolle
Zuwendung gering schätzen,
wenn Christus sie mit dem Einsatz
seines eigenen Lebens bezahlt hat?

Wie sollten wir die Folgen
unserer eigenen Trennung
von Gott, der unser Leben ist,
verdrängen können,
wenn sein Sohn aus Liebe
zu ihrer Überwindung
für uns und an unserer Stelle
sogar den Tod erlitten hat?

Gibt es etwas Kostbareres als
eine solche gnädige Zuwendung?
Und könnte uns etwas teurer sein
als eine so folgenreiche Liebe?

LIEBE DEINEN NÄCHSTEN
WIE DICH SELBST!

Soll ich dann zuerst einmal lernen,
mich selbst zu lieben, damit ich
andere besser lieben kann?

Nein, der Begriff der *Liebe* bezeichnet
die Beziehung zu einer *anderen* Person,
die Zuwendung eines Ich zu einem *Du*.

Die »Selbstliebe« leidet gerade daran,
dass sie das *Ich* an die Stelle des *Du* setzt
und das *Wir* durch das *Selbst* verdrängt.
Die Selbstbezogenheit wird so
zum Ersatz für die Beziehung;
und der Mangel an echter Zuwendung
fördert die Sucht nach der Bestätigung.

Dagegen ruft uns das Gebot der
Nächstenliebe schlicht dazu auf,
dem Nächsten wieder den Platz
in unserem Herzen einzuräumen,
den bei unserer »Ichsucht«
das »Selbst« einnimmt.

3. Mose 19,18; Mk 12,31

GEBETSSPRACHE
SALZIGE UND SÜSSE QUELLE

Wir sollten nur mit
dem Vokabular reden,
mit dem wir auch
beten könnten.

Macht uns das jetzt
sprachlos?

Dann ist entweder
unsere Gebetssprache
sehr zurückgenommen
oder die Alltagssprache
etwas zu gewöhnlich.

Könnten wir nicht noch viel
freier und lebensorientierter
mit Gott sprechen
und verantwortlicher miteinander?

Dann hätten wir das Ziel,
entfesselter zu beten
und gezügelter zu reden.

Jak 3,9-12

SCHRIFTGELEHRT ODER SCHRIFTGELEERT?

Was sind die drei
großen Gefahren
für uns, die wir
das Wort Gottes
bezeugen und
verkünden wollen?

Dass wir nicht wissen,
was wir reden,

dass wir nicht glauben,
was wir sagen,

und dass wir nicht leben,
was wir glauben.

BLINDE SEHEN, LAHME GEHEN

»Komm und sieh!«,
sprach ein Blinder
zum Lahmen.

»Sieh und komm!«,
sagte der Lahme
zum Blinden.

Und hätten sie
in ihrem eigenen
Namen gesprochen,
wäre es wohl kaum
zum Sehen gekommen.

Da sie aber im Namen
dessen sprachen, der
für die Blinden auf die
Welt gekommen ist
und die Lahmen mit
seinem Evangelium
im Blick hatte,
kamen die Blinden
zur Einsicht
und die Lahmen
in Bewegung.

Hast du das
kommen sehen?

»Silber und Gold
habe ich nicht;
was ich aber habe,
das gebe ich dir:
Im Namen Jesu Christi
von Nazareth stehe auf
und wandle!«

»Geht und verkündet …,
was ihr gesehen
und gehört habt:
Blinde sehen,
Lahme gehen,
Aussätzige werden rein,
und Taube hören,
Tote stehen auf,
Armen wird das
Evangelium gepredigt.«

Apg 3,6; Lk 7,22; Joh 1,46

RECHTFERTIGUNG DES GOTTLOSEN

Als Kirche
Jesu Christi
sollen wir
die Gemeinschaft
der begnadigten
Sünder sein –
aber gerade
nicht des
gnadenlosen
Sündigens.

KONFIRMANDEN-KASUISTIK

Herr Pfarrer, wir haben
doch gelernt, dass jemand
nicht seines Nächsten
Frau begehren soll. Richtig?

Richtig! Das ist das 10. Gebot.

Und wenn sich jetzt einer
selbst der *Nächste* ist?
Darf der dann nicht einmal
seine eigene Frau schön finden?

Da siehst du, in welche Probleme
uns unser Egoismus bringen kann!

2. Mose 20,17; 5. Mose 5,21

ZUEINANDER PASSEN

Für die echte Liebe,
die wirklich den anderen
und nicht nur wieder
sich selbst meint,
gilt die schlichte
Erkenntnis:

Nicht durch
Deckung
des *Gleichen*,
sondern durch
Ergänzung des
Verschiedenen
erhält man die
Ganzheit.

DU-STÄRKE STATT
ICH-SCHWÄCHE

Liebe ist nicht
Flucht zum anderen;
sie bewirkt, dass du
dich selbst findest.

3. Mose 19,18; Mk 12,31

ZU IHREM GEDÄCHTNIS
SIE HAT GETAN, WAS SIE KONNTE

Was ist erfüllender als
aller Fleiß und alle Mühe?
Was ist wirkungsvoller
als die intensivste Arbeit
und die größte Anstrengung?
Was ist bleibender als die
beständigste Leistung?

Das, was in Liebe und aus nichts
anderem als aus verschwenderischer
und selbstloser Liebe getan wird!

»Das Haus aber wurde erfüllt
vom Duft des Salböls.«

Der berauschende Geruch des
von Maria über Jesu Füße
geschütteten kostbaren Salböls
war bestimmender selbst als
der Zwiebelgeruch aller fleißigen
Bemühungen ihrer Schwester Martha.

Mk 14,8 f.; Joh 12,3

SELBSTLOS GLÜCKLICH

In Wahrheit tun sich
die Liebenden selbst
viel mehr Gutes
als die Egoisten.

Denn wer auch das Glück
und Wohlergehen anderer
als seine eigene
Lebensfreude erfährt,
der zieht daraus am Ende
selbst viel mehr Nutzen
als der Eigennützige bei
all seinem ichsüchtigen
Bemühen.

ICH LIEBE DICH SO, WIE DU BIST

Liebe liebt den anderen
nicht nur *trotz* seiner
Schwächen und Fehler,
sondern wirklich *mit* ihnen.

Denn echte Liebe will
sich nicht nur auf die
Stärken und Tugenden
des anderen beziehen,
sondern auf dessen
ganze Person,
zu der die Schatten
und Eigenheiten dann
eben auch gehören.

Das heißt aber nicht,
dass wir den anderen
nun gerade *wegen*
seiner »Laster«
lieben sollen –
das gibt's wohl nur
bei Spediteuren.

ZÜRNT IHR, SO SÜNDIGT NICHT!

Es heißt doch irgendwo:
»Lasst die Sonne nicht über
eurem Zorn untergehen!«?

> Ja, das ist der weise und
> lebenserfahrene Rat
> an die Epheser, sich
> miteinander auszusöhnen,
> noch bevor es dunkel wird,
> und seinen Zorn nicht mit
> in die Nacht zu nehmen.

Und wenn ich mich überhaupt
erst nach Sonnenuntergang
zu streiten beginne?

> Da gilt dann der weise und
> lebenserfahrene Rat an *dich*,
> am späten Abend aus Prinzip
> keine Grundsatzdebatten
> und Streitereien zu eröffnen,
> sondern über alles erst einmal
> eine Nacht zu schlafen.
> Denn die Müdigkeit ist kein
> guter Wächter der Sachlichkeit,

und die Dunkelheit kann
Probleme nur selten erhellen. –

Stimmt, das hätte ja dann
auch noch den Vorteil,
dass ich mir für
meinen Zorn und Streit
den lieben langen Tag
Zeit lassen kann!?

Der Apostel hat aber nun
auch nicht geschrieben:
»Lasst euren Zorn mit
der Sonne aufgehen!«

Eph 4,26

DIE LIEBE IST UNAUSWEICHLICH

Für die erste Liebe
ist es nie zu spät,
und für die Nächstenliebe
ist keiner zu weit weg.

Selbst bei dem Gebot
der Feindesliebe
können wir uns nicht
damit herausreden,
dass der andere eigentlich
unser Freund sein sollte.

Offb 2,4; Mt 5,43-48

VERTRAUEN BILDEN

Bildung bedeutet viel mehr,
als Wissen zu vermitteln;
Bildung beschränkt sich
nicht auf den Anspruch,
Fertigkeiten beizubringen.

Denn in der Bildung geht
es nicht nur um einen Gegenstand
oder um eine Kunst und Fähigkeit,
sondern vor allem um Personen.

Menschen bei der Entdeckung
und Entfaltung ihrer eigenen
Identität, Lebenskompetenz
und Beziehungsfähigkeit
persönlich zu begleiten
ist das zentrale Anliegen
von Bildung.

Bilden heißt vor allem
Vertrauen bilden.

DER GEIST IST'S, DER DA
LEBENDIG MACHT …

Gott ist Gott, und
Mensch ist Mensch.

Gott ist Schöpfer, und
wir sind seine Geschöpfe.

Wir dürfen durch ihn
und mit ihm leben, aber
er ist das Leben selbst.

Alles, was wir sind,
sind wir durch ihn, denn
er ist selbst das Sein.

Wir können uns von ihm
lieben lassen und seine
Liebe reflektieren, aber
er ist die Liebe in Person.

Wie kommen wir nur
immer wieder darauf,
wir könnten selbst »sein wie Gott« –
und das unabhängig von Gott?

Wieso wollen wir unbedingt
etwas von uns aus für Gott tun,
wo es ihm doch völlig genügt,
wenn wir seinen Geist durch
uns leben und wirken lassen?

Warum möchten wir auch nur
das Geringste zu seiner Gnade
von unserer Seite aus ergänzen,
wenn Gott doch nichts lieber tut,
als uns an seiner Zuwendung
und Liebe teilhaben zu lassen?

Dabei könnten wir ihm seinen
größten Wunsch so leicht erfüllen,
dass wir nämlich ihn als Gott
in unserem Leben Gott sein lassen
und selbst nichts anderes sind
als seine dankbaren Menschen.

Joh 6,63; 1. Joh 4,8.16; 5,20

WER BIN ICH UND WIE WILL ICH SEIN?

Wesentlich will ich sein,
nicht unbedingt wichtig.

In Übereinstimmung mit
meiner Berufung, Begabung
und Überzeugung will ich leben,
nicht in falscher Anpassung
an die Erwartungen anderer.

Gott und mir selbst möchte ich
in die Augen schauen können
und nicht nach den Blicken
anderer Menschen schielen.

Weder will ich mich von
dem her bestimmen lassen,
was ich habe und besitze,
noch von dem her verstehen,
was ich leiste und arbeite –
sondern von dem her,
was du mir, Herr, bist.

Denn wenn ich, mein Gott,
nur bei dir bin, dann
bin ich ganz bei mir selbst.

ICH WILL DICH SEGNEN

Es ist ein Geheimnis, aber
keineswegs ein Rätsel,
dass Gott uns gerade
das anvertrauen will,
was wir ihm loslassen,
dass er uns schenkt,
was wir ihm geben,
und dass er segnet,
was wir ihm anvertrauen.

Das gilt für all das, was
wir haben und können,
vor allem aber für uns selbst
und für das, was uns
besonders wertvoll ist.

Gott freut es, von uns
beschenkt zu werden –
aber er bleibt uns
nie etwas schuldig.

DER PREIS DER LIEBE

Die kostbarste Liebe
kostet nicht etwa
am meisten Überwindung,
sondern sie macht die Liebenden
bei allem Loslassen und Geben
immer reicher.

Der Preis der Liebe
ist nicht das, was sie kostet,
sondern das, was sie gewinnt!

EHE SIE RUFEN, WILL ICH ANTWORTEN

Herr, wenn du uns zuhörst,
bekommen unsere Worte Gewicht;
und wenn du dich uns zuwendest,
wird das, was wir sagen, wichtig.

Deine Aufmerksamkeit zeigt uns,
wie bedeutsam wir sind;
und deine Zuneigung zu uns
richtet uns wieder auf.

In dir finden wir unsere Antwort,
während wir nach Worten suchen;
und du schenkst uns
Zuversicht und Gewissheit,
während wir noch unsere
Fragen formulieren.

Unsere Angst verliert ihre Panik,
indem wir sie dir eingestehen;
und unsere Wut wandelt sich
in Umsicht und Entschiedenheit,
weil du auch unser Klagen duldest.

Wie klein erscheinen uns
unsere eigenen Sorgen, wenn wir
sie im Licht deiner Fürsorge

für diese ganze Welt sehen;
und wie beschämt sind wir
in unserer Unzufriedenheit,
wenn wir erkennen, wie viel
du für unseren Frieden tust.

Wie groß wird unsere Freude,
während wir sie mit dir teilen;
und wie überschwänglich reich
sind wir von dir beschenkt,
indem wir uns dir froh und
dankbar anvertrauen.

Du bist da, schon bevor wir dich rufen;
und noch während wir dich bitten,
antwortest du.

»Dann wirst du rufen, und
der Herr wird dir antworten.
Wenn du schreist, wird er sagen:
Siehe, hier bin ich.«

»Und es soll geschehen:
ehe sie rufen, will ich antworten.
Wenn sie noch reden, will ich hören.«

Jes 58,9; 65,24

ALLES, WAS ICH BRAUCHE
CHRISTUSGENÜGSAMKEIT

Du bist, Christus, selbst
alles, was ich brauche,
um so zu leben,
wie du es willst.

Und ich bin, Christus,
so wie ich bin,
alles, was du willst,
um durch mich zu leben,
wie ich es brauche.

WIR SIND DEIN
ABENDLIED

Wir le-gen die-sen Tag in dei-ne Hän-de
und ge-ben uns mit ihm in dei-ne Hand;
was uns er-füllt und das, was uns be-las-tet,
hast du in dei-ner Lie-be längst er-kannt.

Text und Melodie: Hans-Joachim Eckstein
© beim Autor

Wie viel Bewahrung haben wir erfahren,
und wie viel Licht hat unsern Tag erhellt!
Wir kommen dankbar zu dir als Beschenkte;
selbst im Verlust hast du uns Trost bestellt.

Es mag noch manches Dunkel auf uns warten,
doch strahlt am Himmel als ein heller Schein
dein Wort, dass du uns liebevoll begleitest.
Du willst als Licht des Lebens bei uns sein.

Gelassen können wir der Nacht begegnen,
uns niederlegen voller Zuversicht;
geborgen sind wir in dem festen Wissen,
der uns behütet,
schläft und schlummert nicht.

Schenkst du uns, Vater, einen neuen Morgen
und lässt uns Kinder deines Lichtes sein,
so wollen wir ihn ganz mit dir gestalten;
wir schlafen oder wachen – wir sind dein.

NACHWORT

Wer bin ich? Was macht mein Leben wertvoll? Wann erfahre ich mein Handeln als sinnvoll und beglückend? Woher beziehe ich Motivation und Zuversicht für meine Lebensentfaltung? Wozu bin ich auf dieser Welt und zu wem gehöre ich?

Nicht jeder stellt sich diese bedeutenden Fragen so ausdrücklich formuliert, aber praktisch sind wir alle immer wieder durch sie bestimmt. Oft stehen nicht vernünftige Gedanken am Anfang unseres Bewusstseinsprozesses, sondern die Folgen unserer ungelösten Probleme bringen uns dazu, die angemessenen Fragen zu stellen.

Dies alles gilt gewiss grundlegend für die Orientierungsphase des Erwachsenwerdens; aber auch an den späteren Schwellen unseres Lebens, bei der Erfahrung von Verlust und Versagen oder in der Verunsicherung durch einschneidende Veränderungen können uns die selbstverständlich gewordenen Grundlagen unseres Lebens unvermittelt fraglich werden. Manche erleben auch mitten in ihrem routinierten Alltag plötzlich eine fundamentale Krise, die sie darauf hinweist, dass sie alte Abwertungen, Verletzungen und Irritationen wohl zurückgestellt, aber offensichtlich noch nicht heilsam überwunden haben.

Für Glaubende erschließt sich durch das Evangelium ein unerschöpflicher Schatz an konstruktiven Ansätzen für die Versöhnung, Heilung und Befreiung zu einem erfüllenden Leben. Das heißt aber nicht, dass sich religiöse Menschen schon an sich bei der Beantwortung ihrer Lebensfragen leichter täten. Falls die Abwertungen und Überforderungen, falls die Selbstzweifel und Lebensängste auch noch religiös verstärkt worden sind, dann sind zugleich der Glaube und die Vorstellungen von Gott mithilfe der »erfreulichen Nachricht« neu zu bestimmen. Dann heißt es, dem Vater Jesu Christi mehr glauben und vertrauen zu lernen als den falschen – noch so vertrauten – Gottesbildern und Grundbotschaften.

Das Schöne an dem Prozess dieser Selbstfindung auf dem Weg der Gottessuche ist, dass mit jeder neuen Erkenntnis und Befreiungserfahrung zugleich neue Zuversicht und Kraft für weitere Schritte freigesetzt werden. Der Reifungsprozess des Glaubens mag manchmal auch schmerzhaft und herausfordernd sein, er erweist sich aber darin als am Evangelium orientiert, dass er viel mehr Lebensmut, Vertrauen und Zuversicht freisetzt, als er Kraft kostet. Wer nach dem Vater Jesu Christi fragt, der erkennt sich als von ihm bereits gesucht und gefunden.

In dem vorliegenden Buch wechseln selbstkritische Betrachtungen mit ironischen Aphorismen, von

Vertrauen und Geborgenheit geprägte Gebete mit Meditationen über zentrale Glaubensinhalte. Ob prosaisch oder lyrisch formuliert, ob tröstend und einfühlsam oder scharfzüngig und kritisch, haben die verschiedenen Abschnitte eines gemeinsam – sie möchten die Leserinnen und Leser zu einer ehrlichen Auseinandersetzung mit sich selbst ermutigen und sie in der Suche nach einer lebensbejahenden und befreienden Gestalt des Glaubens bestärken.

Da die Artikel thematisch nur lose verbunden sind und in sich abgeschlossene Einheiten bilden, können sie auch einzeln gelesen oder – bei Einbeziehung der angeführten Bibeltexte – als Grundlage für Gruppengespräche und Andachten verwendet werden.

Gewidmet ist das Buch sowohl denen, die sich selbst erstmals mit den Augen der Liebe Gottes sehen können, wie denen, die sich nach einer Zeit der Krise und Entmutigung eine neue und versöhnte Ursprünglichkeit in ihrer Gottes- und Selbstbeziehung wünschen. Denn: »Du bist ein Wunsch, den Gott sich selbst erfüllt hat!«

ANHANG

1. »Nachfolge kommt von *Nach*folgen« – Mk 1,16-20; 4,35-41; 6,31; Mt 11,28-30; 14,28-33; Joh 15,16; 1. Joh 2,1 f.

2. »Warum sich Engel nie verspäten« – S. Lk 23,43; Joh 8,51; 11,25 f.; 2. Kor 5,6-8; Phil 1,21-23.

3. »Vertragen statt Nachtragen« – Die Übersetzung nach Martin Luther (bis 1964) gibt Kol 3,13 eindrücklich wieder mit »und *vertrage* einer den anderen …«

4. »Relativitätstheorie« – »Theorie« (aus dem Griechischen) bedeutet wörtlich: das »Anschauen«, die »Betrachtung«, »Betrachtungsweise«; »Relativität« meint die »Bezogenheit«, die »Bedingtheit«.

5. »Relativitätstheorie« – S. zu diesem Glaubensverständnis Röm 8,18.24 f.; 2. Kor 4,17 f.; 5,7; 1. Petr 1,8 f.; Hebr 11,1 – 12,3.

6. »Und schämten sich nicht« – 1. Mose 2,25; 2. Kor 12,9 f.

7. »Sei stille dem Herrn« – S. 2. Mose 14,14; Ps 37,7; 46,11; 62,2; 131,2; Jes 30,15 (vgl. 7,4).

8. »Blickkontakt« – 1. Kor 8,3; Gal 4,9.

9. »Um Antwort wird gebeten« – Vgl. Röm 8,14; Ps 91,1; Hebr 12,1. Der Autor legt Wert auf den Hinweis, dass die Einladung keine Fiktion ist.

10. »Lebendiger Glaube« – Lk 24,5.34; Apg 1,3; Joh 11,25 f.; 1. Joh 5,20; Offb 1,18.

11. »Gottes- oder Menschenfurcht?« – Vgl. Ps 27,1.3; 56,4 f.; 86,11; 118,6-9; Jes 51,12 f.; Jer 32,38-41.

INHALT

DER AUTOR

Dr. Hans-Joachim Eckstein, geb. in Köln, ist seit 2001 Professor für Neues Testament an der Evangelisch-theologischen Fakultät der Universität Tübingen, zuvor an der Universität Heidelberg. Bis 1996 war er Pfarrer der Evangelischen Landeskirche in Württemberg im Hochschuldienst.

Vielen ist er durch seine vielfältigen Vorträge und Predigten sowie durch seine zahlreichen Veröffentlichungen und Gemeindelieder bekannt. Seine Bücher, die zu einem befreienden und lebensbejahenden Glauben einladen, sprechen durch ihren persönlichen und sprachlich gewinnenden Stil an.

Ob in Universitäts- oder Gemeindeveranstaltungen, ob in Sachbüchern oder in lyrischer und meditativer Literatur, Hans-Joachim Eckstein gelingt der Brückenschlag zwischen Glauben und Denken, zwischen Universität und Kirche, zwischen Landeskirchen, Freikirchen und Gemeinschaften. Gerade mit seinen lyrischen und aphoristischen Texten spricht er viele Menschen an, die sich dem Glauben gegenüber bisher eher distanziert empfanden.

Für seine pädagogischen und didaktischen Fähigkeiten wurde ihm vom Land Baden-Württemberg der Landeslehrpreis verliehen. Für seine besondere Basis- und Gemeindenähe in Lehre, Publikationen und Beratung sowie für sein Brückenbauen zwischen wissenschaftlicher Theologie und Gemeindeglauben erhielt er den Sexauer Gemeindepreis für Theologie.

Er ist Synodaler der Evangelischen Landeskirche in Württemberg und Mitglied der Kammer für Theologie der Evangelischen Kirche in Deutschland.

Unter den fachwissenschaftlich-theologischen Veröffentlichungen des Autors siehe vor allem: »Kyrios Jesus. Perspektiven einer christologischen Theologie«, Neukirchen, 2. Aufl., 2011; »Der aus Glauben Gerechte wird leben. Beiträge zur Theologie des Neuen Testaments«, 2. Aufl., Münster 2007; und »Verheißung und Gesetz. Eine exegetische Untersuchung zu Gal 2,15 – 4,7«, Tübingen 1996.

Näheres zu Person und Veröffentlichungen unter: www.ev-theologie.uni-tuebingen.de/hjeckstein

WEITERE BÜCHER VON HANS-JOACHIM ECKSTEIN

Ich habe meine Mitte in dir
Schritte des Glaubens
Gebunden, 128 S., Nr. 393.538, ISBN 978-3-7751-3538-2
Zu den Themen: Glaube und Alltagsbewältigung

Du liebst mich, also bin ich
Gedanken – Gebete – Meditationen
Gebunden, 160 S., Nr. 395.450, ISBN 978-3-7751-5450-5
Zu den Themen: Liebe und Persönlichkeitsentfaltung

Du hast mir den Himmel geöffnet
Perspektiven der Hoffnung
Gebunden, 176 S., Nr. 393.787, ISBN 978-3-7751-3787-4
Zu den Themen: Hoffnung und Lebensgestaltung

Himmlisch menschlich
Von der Stärke der Schwachheit
Gebunden, 160 S., Nr. 394.502, ISBN 978-3-7751-4502-2
Gedanken, Gedichte und Meditationen

Du bist Gott eine Freude
Glaubensleben – Lebenslust
Gebunden, 188 S., Nr. 395.505, ISBN 978-3-7751-5505-2
Gedanken, Gedichte und Meditationen

Von frisch verliebt bis wohlvertraut
Lass uns Liebe lernen
Gebunden, 176 S., Nr. 395.548, ISBN 978-3-7751-5548-9
Zu den Themen: erotische Liebe und Partnerschaft,
Glaubensbeziehung und Lebensgestaltung

Glaube, der erwachsen wird
Gebunden, 128 S., Nr. 393.836, ISBN 978-3-7751-3836-9
Wenn der Glaube erwachsen wird, sucht er nach einer neuen,
reifen Ursprünglichkeit, die zum Leben befähigt und den kri-
tischen Rückfragen standhält.

Zur Wiederentdeckung der Hoffnung
Grundlagen des Glaubens 1
Gebunden, 144 S., Nr. 393.898, ISBN 978-3-7751-3898-7
Spannende theologische Entfaltungen des Evangeliums
zu den Themen: Hoffnung und Auferstehung, Frage nach Gott,
Evangelium und Rechtfertigung.

Glaube als Beziehung
Von der menschlichen Wirklichkeit Gottes
Grundlagen des Glaubens 2
Gebunden, 170 S., Nr. 394.458, ISBN 978-3-7751-4458-2
Einfühlsame Entfaltungen des Evangeliums laden zu einem
befreienden und lebensbejahenden Glauben ein.

Wenn die Liebe zum Leben wird
Zur Beziehungsgewissheit
Grundlagen des Glaubens 3
Gebunden, 226 S., Nr. 395.180, ISBN 978-3-7751-5180-1
Zu den Themen: Glaube und Erfahrung, Gott und Christus
»begreifen«, das Wesen der Liebe, Gerechtigkeit und Toleranz.

Gesund im Glauben
Grundlagen des Glaubens 4
Gebunden, 176 S., Nr. 395.290, ISBN 978-3-7751-5290-7
Neben Gesunden im Glauben zu den Themen: Kreuzestod
Jesu, zu Vergebung, Gesetz und Evangelium, Gemeinde.